swb media services®

W0040572

Horst Ziegert

Besinnliche
und heitere Gedichte
aus dem täglichen Leben

swb media services®

Bibliografische Information der Deutschen Nationalbibliothek
Die Deutsche Nationalbibliothek verzeichnet diese Publikation in
der Deutschen Nationalbibliografie; detaillierte bibliografische
Daten sind im Internet über http://dnb.d-nb.de abrufbar.

1. Auflage 2018

ISBN 978-3-946686-58-3

© 2018 SWB Media Publishing
SWB Media Publishing, Gewerbestr. 2, 71332 Waiblingen
Printed in Germany

Die Textrechte liegen eigenverantwortlich beim Autor.

Bildmaterial: nataly0288dp / Depositphotos
Umschlaggestaltung und Satz: Julia Karl / www.juka-satzschmie.de

Druck und Bindung: Rosch-Buch Druckerei GmbH, 96110 Scheßlitz
Dieses Buch wurde auf chlor- und säurefreiem Papier gedruckt.

www.suedwestbuch.de

Einleitende Worte

Besinnlichkeit und Heiterkeit sind unzertrennlich miteinander verbunden. Wer nur trübsinnig vor sich hin grübelt, wird eines Tages ein schwermütiger Griesgram.

Heiterkeit soll ihn aufrichten und fröhlich stimmen.

Gott gab uns Tränen, die bei Traurigkeit, aber auch bei frohen und heiteren Anlässen fließen. Dieser Tränen braucht sich niemand zu schämen, denn sie zeugen davon, dass das seelische Gleichgewicht in Ordnung ist.

Wenn es mir gelingt, ein Lächeln in den Gesichtern zu erzeugen, dann habe ich mein Ziel erreicht.

Ich wünsche allen Leserinnen und Lesern ein paar besinnliche und heitere Lesestunden.

Selbstdarstellung

Im Januar 1929 in Görlitz an der Neiße geboren, habe ich das Hitler-Regime von Anfang bis Ende erlebt. Nach dem Zusammenbruch und dem Ende des 2. Weltkrieges wurde aus den Trümmern, die der Krieg hinterlassen hat, der Wiederaufbau begonnen. Ich fand auch bald eine Firma, in der ich meine durch den Krieg unterbrochene Lehre zu Ende bringen und meine Facharbeiterprüfung als Maschinenschlosser bestehen konnte.

1948 verließ ich meine Heimatstadt Görlitz und ging schwarz über die deutsch-deutsche Grenze nach Westdeutschland, wo ich im Ruhrgebiet bei Krupp sofort Arbeit fand. Ich engagierte mich in der Gewerkschaft, die während des Nazi-Regimes verboten war. Hier konnte ich lernen, was man uns in der Hitler-Jugend, in der jeder pflichtmäßig organisiert sein musste, verschwiegen hatte, nämlich, dass es auch andere Staatsformen, z. B. Demokratie, gibt. Wir wurden nur mit Parolen wie »Führer befiehl, wir folgen!« erdrückt. Jetzt hatten wir die Gelegenheit, mitzuhelfen, eine neue, friedliche, freie und demokratische Welt aufzubauen. Dafür hat man so manches Freizeitopfer in Kauf genommen.

1950 gründete ich meine Familie, mit der ich 1972 nach Baden-Württemberg zog, um in einer Tochterfirma von Krupp zu schaffen. Meine Hobbys Wandern, Bergsteigen und Fahrradfahren konnte ich hier voll ausschöpfen. Wettkampf-Sport habe ich nie gemocht. Ich halte es auch heute noch für viel wertvoller, gemeinsam mit anderen Sport zu treiben, ohne ehrgeiziges Streben nach Sieg, Ruhm und Geld.

Ich habe des Lebens Auf und Nieder erlebt und daraus gelernt. Wenn ich heute Geschichten und Gedichte schreibe, dann sind es meist selbst erlebte Missgeschicke, mit denen ich anderen Menschen Mut machen will, nicht alles so tierisch ernst zu nehmen, sondern mit Humor Hindernisse zu überwinden. Ebenso ein ehrlicher Glaube und ein bisschen Besinnlichkeit gehören dazu. Auch die politische Satire muss bissig und scharf sein, ohne dabei die Würde des Menschen zu verletzen.

So kann ich heute auf ein erfülltes Leben mit einer glücklichen Familie zurückblicken und morgens in den Spiegel schauen, ohne mich zu schämen. Denn ich habe meine Pflicht in jeder Weise gewissenhaft erfüllt.

1. Inhalt

1. Die Zeit

Sie schreitet ständig an uns vorbei.
Man sieht und hört sie nicht,
doch sie ist gleichmäßig und pünktlich
wie der Sonnenauf- und -untergang.
Niemand kann sie aufhalten oder beschleunigen.
Die Zeit ist wie der Atem Gottes,
ohne den es kein Leben auf der Erde gäbe.
Sie schreitet stündlich, täglich, jährlich bis hin zur Ewigkeit.
Alles Leben auf dieser Erde hat eine beschränkte Zeit.
Anfang und Ende liegen in der Hand Gottes.

Wer nur nach Reichtum und Macht strebt,
dem erscheint die Zeit schnell,
wer nur stupid vor sich hin grübelt,
dem kommt sie zu langsam vor.

Gott gab dem Menschen Verstand,
Fähigkeit und Begabung.

Wer dies sinnvoll nutzt,
der kann sich der Zeit anpassen
und sich musisch, schöngeistig und im Einvernehmen
mit der Natur an der wunderbaren Schöpfung erfreuen
und die ihm zugewiesene Zeit der Gastfreundschaft
auf Erden genießen.

Niemand kann die Zeit überholen oder gegen sie
    schwimmen.
Anfang und Ende bestimmt allein Gott.

2. Die Jahreszeiten

Ein Jahr, wie schnell ging es vorbei,
man fragt sich: »War's nicht grad erst Mai?«
So eilt die Zeit mit uns dahin
und doch hat alles seinen Sinn.

Der Tag ist kürzer nun geworden
und rauhe Luft kommt aus dem Norden.
Das ist die Zeit in sich zu gehen,
dann wird man alles bald verstehen.

Es ist der Kreislauf der Natur,
zu unserm Glück lenkt's einer nur.
Man träumt und grübelt vor sich hin
und lässt das Jahr vorüberzieh'n,
ist dankbar auch für jeden Tag,
den uns der Herrgott offenbart.

Vom Schnee noch sorgsam überdacht
ist neues Leben schon erwacht,
und als der letzte Schnee verschwunden,
da ist der Winter überwunden.
Die ersten Veilchen, Anemonen,
sie zieren den noch kalten Boden.

In ihrem neuen, bunt' Gefieder
singen Vögel ihre Lieder,
Naturerwachen allerorten,
kein Dichter schrieb's mit schön'ren Worten.

Die Wanderzeit, sie fängt jetzt an
für Groß und Klein, für Jedermann.
Mit Frohsinn die Natur erleben,
was könnt es Schöneres noch geben.

Der Sommer kommt und alles blüht,
die Sonne hoch am Himmel glüht,
dann kommt der Herbst mit seinen Stürmen,
die Wolken sich am Himmel türmen.

Am Morgen schaut er neblig, trüb
und geht dem Menschen aufs Gemüt.
Dann plötzlich reißt der Nebelschleier,
die Sonne spiegelt sich im Weiher.
Die gold'nen Blätter an den Bäumen
nun Wald und Auen kunstvoll säumen,
exakt genau wie eine Uhr,
es ist der Zauber der Natur.

Doch bald hat,eh man es gedacht,
der Herbst dem Winter Platz gemacht.
Verklungen sind der Vöglein Lieder
und Schnee fällt auf die Erde nieder.
Die Fische schwimmen unterm Eis
und alles wird auf einmal weiß.

Beklage nie des Winters Macht,
der Schöpfer tut nichts unbedacht.
Dran denke Mensch zu allen Zeiten,
lass dich allein von ihm nur leiten
und schütze, was er aufgebaut,
er hat's uns allen anvertraut.

3. Gib niemals auf

Geht dir im Leben was daneben,
das wird es immer wieder geben,
mach dir nur halb so viel daraus,
zeig Mut und gebe niemals auf.

Fällt dir die Decke auf den Kopf,
geh raus und kühle deinen Schopf.
Geh in den Wald und lausch dem Reigen,
mit dem der Wind spielt mit den Zweigen.

Schau, wie der Vogel lautlos segelt,
weil es der Herrgott sinnvoll regelt,
so regelt er auch deinen Lauf,
verzage nicht und gib nicht auf.

Schaust du betrübt auf den Kalender,
stellst fest, es ist ja schon November,
dann freu dich auf das Weihnachtsfest,
das dich nicht länger warten lässt.

Wenn hell die Weihnachtsglocken klingen,
darfst du mit andern fröhlich singen.
Erfreue dich am Kerzenschein,
er gibt dir Hoffnung, schau hinein.

Ist oft die Welt voll Pein und Graus,
verzweifle nicht, gib niemals auf.
Wenn Wolken auch den Himmel decken,
die Sonne zeitweilig verstecken,
im Frühling kommt sie wieder raus,
drum freue dich und gib nicht auf.

4. Rollatoristen-Tourismus

Wenn dich die Beine nicht mehr tragen,
und überall dich Schmerzen plagen,
dann mach kein mürrisches Gesicht,
bleib heiter und verzage nicht.

Lass dich von Eitelkeit nicht lenken,
frag nicht: Was sollen die Leute denken?
Schaff dir einen Rollator an
und fang ein neues Leben an.

Er gibt dir Halt bei jedem Schritt
und macht dich wieder flott und fit.
Ob alt, ob jung, ob Frau oder Mann,
da zeigt man, was man noch alles kann.

Er ist auch sparsam im Verbrauch,
macht keinen Lärm und keinen Rauch.
Fahr mäßig und nicht überhitzt,
sonst wirst' am Ende noch geblitzt.

Auf seine Sitzbank lass dich nieder
und stärke deine müden Glieder.
Steigst du in Bus und Bahn hinein,
klapp ihn zusammen, er passt rein.

Ein Dank soll diesem Mann bekunden,
der den Rollator hat erfunden.
Klingt es auch manchmal wie zum Hohn,
»Platz für das Rollator Bataillon!«

Wenn sich die Räder zu schnell drehen,
die Bremse rein! Schon bleibt er stehen.
Nur eines hasst er ums Verrecken,
im Schnee, da bleibt er einfach stecken.

Doch weiß zum Glück ein jeder Tor,
das kommt meist nur im Winter vor.
Und wenn er noch so tief drinsteckt,
im Frühling ist der Schnee dann weg.

Im Gebirge auf und ab,
hält ständig er dich stets auf Trab.
Über Stock und Steingepolter:
anheben, schieben, und schon rollt er.

Scheint dir auch mancher Weg zu weit,
mach Pause, denn du hast doch Zeit!
Am Ende kannst du dann beweisen:
Gehörst noch nicht zum ALTEN EISEN!

5. Nichts vergessen???

Was ist bloß los? Es eilt die Zeit
und mit ihr die Vergesslichkeit.
Du gehst und machst die Türe zu,
dann lässt dir etwas keine Ruh'.
Spielt das Gedächtnis dir 'nen Possen?
Hast auch die Türe abgeschlossen?
Besorgt machst du noch einmal kehrt,
stellst fest: Es war doch zugesperrt.

Nun kann der Einkaufstripp beginnen
brauchst dich nicht lange zu besinnen,
hast sorgsam alles dir notiert,
auf dass kein Fehler dir passiert.
Du schaust und packst dann fleißig ein,
um auch ganz sicher nun zu sein
dass nichts versäumt und nichts vergessen,
willst noch den Einkaufszettel lesen.

Du suchst und kannst es gar nicht fassen,
hast ihn zu Hause liegen lassen.
Du gehst zur Kasse, willst bezahlen,
schon wieder geißeln neue Qualen.
Fängst an nun abermals zu suchen,
man hört dich heimlich schimpfen, fluchen,
das Portemonnaie ist, ums Verrecken,
nicht zu finden, wo kann's stecken?

Die Kundenschlange wächst und staut,
ist es am Ende gar geklaut?
Man hört ironisch dies und das:
»Verzeihung, wird das heut noch was?«
Dann kannst erleichtert froh bekunden
dass du es doch noch hast gefunden.
Ach war das peinlich und blamabel,
fühlst dich beschämt und miserabel.

Dann hast du einen Arzttermin,
natürlich willst du pünktlich hin,
erfährst dann bei der Rezeption:
»Was wollen sie denn heute schon?«
»Dienstag ist Termin, hier steht er!«
Doch leider erst 'ne Woche später.

Im Winter, wenn es feste schneit,
ein jeder sich aufs Skifahrn freut.
Das Auto, winterfest gemacht,
wird nochmal gründlich überwacht,
die Skier auf dem Dach verstaut,
gesichert, dass sie keiner klaut,
so fährt man los gleich früh am Morgen,
und hat trotzdem noch Parkplatzsorgen.

Die Skier sind in ihrer Hülle,
Stöcke, Handschuh und auch Brille,
alles wurd' bereitgemacht,
nur an die Stiefel nicht gedacht!?
Da nutzt kein Vorwurf und kein Richten,
du musst auf's Skifahrn heut verzichten.

Du willst verreisen mit der Bahn,
schleppst mühevoll die Koffer ran,
steigst ein, der Zug fährt aus der Halle,
schon sitzt du wieder in der Falle.

Hast Koffer, Tasche, Handgepäck
verstaut an einem freien Fleck,
machst auf dem Sitzplatz dir's bequem,
siehst plötzlich dann den Schaffner stehn.
Er fragt dich höflich nach dem Fahrschein,
du denkst, was sein muss, das muss sein.

Und wieder geht die Suche los,
wo hab ich denn den Fahrschein bloß?
Die Jackentaschen außen, innen,
jedoch der Fahrschein ist nicht drinnen,
er ist doch wirklich nicht so klein,
er kann nicht in der Hose sein.

Der Schaffner schaut geduldig drein:
»Ich komme später nochmal rein.«
Die Reisetasche wird durchwühlt,
und alles einzeln abgefühlt,
erfolglos stellst du sie dann hin,
dann kommt dir plötzlich in den Sinn,
sollt' er denn gar im Koffer sein?

Du öffnest ihn und schaust hinein,
du glaubst zu träumen und zu spinnen,
der Fahrschein liegt tatsächlich drinnen.
Im Schlafanzug schön eingebettet,
die Situation ist nun gerettet.
Du grübelst zweifelnd unterdessen:
»Was hab jetzt wohl noch vergessen?«

Doch tröste dich, trag's mit Humor,
es kommt bei andern auch mal vor.
Bei Jung und Alt gehört das schon
zum allgemeinen guten Ton.

6. Der moderne Mensch

Der Mensch in der modernen Zeit
hat sonderbaren Zeitvertreib.
Computer und mit Handy spielen,
in Fernsehprogrammen rumwühlen.
Die Glotze flimmert Tag und Nacht,
gleich, ob er schläft oder auch wacht.
Programme gibt es ohne Zahl,
die Auswahl wird ihm schier zur Qual.

Da gibt es Serien, die nie enden
und täglich Schund und Chaos senden.
Familien-Skandalgeschichten,
von Mord und Totschlag sie berichten.
Brutaler Sex und Schlägerei,
Betrug und Diebstahl, Hehlerei,
das wird sogar am Tag gesendet,
und niemand weiß, wie das noch endet.

»Für Jugendliche nicht erlaubt!«
Die Heuchelei kein Mensch mehr glaubt.
Wer es zu Haus nicht sehen kann,
schaut's anderswo auf Video an.

Action, Vandalismus sprießen
heut aus der Röhre zum Genießen.
Wo sind die Medienkontrolleure,
die Einhalt bieten der Misere?
Ist eine Sendung grad beendet,
wird sich der nächsten zugewendet.

Nun kommt die Werbung, oh wie schön,
die einzige Chance, auf's Klo zu gehen.
Beeil dich und mach keinen Scheiß,
es geht gleich weiter, dann wird's heiß.

Ein Krimi folgt – der Kommissar
ist fast am Ziel mit Haut und Haar.
Nach fünf Minuten schon – ich wette –
liegt er samt Opfer schon im Bette.
Der Sex ist überall dabei,
schamlos und von allem frei.
Die nächste Werbung blendet ein,
schnell noch ins Internet hinein,
dann piepst das Handy »trallalla«
und schon ist eine E-Mail da.

Jetzt wird noch einmal umgeschaltet,
mal schau'n, was sich im All gestaltet,
da fliegt ein Raumschiff kreuz und quer
von einem Stern zum andern her.
Gar grausliche Gestalten kommen,
die unsere Erde eingenommen.
Entsetzen, Panik, riesengroß,
wie werden wir die wieder los?

Jetzt kommen auch noch Monsterspinnen,
die haben, eh wir uns besinnen,
ein riesen Netz um uns gewoben,
da gibt's kein unten und kein oben.
Schauer und Angst breiten sich aus.
Schalt bloß die Kiste schleunigst aus!

Doch morgen geht es hurtig weiter,
da kommen neue Angstbereiter.
Von weitem hört man laut Geschrei
und glaubt, hier gibt's 'ne Keilerei,
doch dann kommt's plötzlich aus dem Fernsehn
wo Strolche vor der Kamera stehn.

Frau Kallwass muss sich mühen und plagen,
was ihr so alles angetragen.
Chaoten, Nutten, Satansbraten
soll sie geschickt und klug beraten.
Frau Salesch und der Staatsanwalt
bekämpfen Unrecht und Gewalt.
Verhaftet wird manch Bösewicht,
wenn Richter Hold das Urteil spricht.

So wird der Mensch heut aufgeladen,
Moral und Sitte sind längst baden,
er fährt total in Action ab,
die Medien halten ihn auf Trab.
Nur weiter so, und nur nicht denken,
lasst euch stupid ins Chaos lenken.

7. Die gute alte Zeit.

So mancher denkt voll Traurigkeit
an diese »Gute alte Zeit«.
Es war zwar manches gut und schön,
doch muss man schon genau hinsehn.

Die Heinzelmännchen – sei gescheit –,
die gab es noch zu keiner Zeit.
Die Menschen träumten auch recht gerne
vom Glück und Reisen in die Ferne.
Meist war der Weg dorthin verstellt
durch Arbeit und zu wenig Geld.
Man spuckte fleißig in die Hände,
doch gab's kein freies Wochenende.

Ein eignes Heim sich zu erwerben,
da musste jemand schon viel erben.
So blieb der wunderschöne Traum
im Regelfall nur Wunsch und Schaum.
Man wohnt in großen Mietskasernen,
oft unterm Dach, dicht bei den Sternen.

Das Waschhaus war im Keller drin
und jeder musste einmal hin.
Es gab pro Haushalt laut Vertrag
einmal im Monat Großwaschtag.

Was war das für 'ne Plagerei,
wir Kinder waren mit dabei.
Man musste oftmals vier Etagen
den Waschkorb rauf- und runtertragen.
Zum Trocknen ging's zum Söller (Speicher) rauf
mit Kraftaufwand und viel Geschnauf.
Mit etwas Glück und schönem Wetter
bot sich der Hinterhof als Retter.

Das Waschhaus war dann gleichsam Bad,
weil's da noch heißes Wasser gab.
So schritten alle Groß und Klein
zum Reinigungsbad ins Waschhaus rein.

Vergnügt sprang man von Fass zu Fass,
egal ob ringsum alles nass,
hier konnte man sich frei bewegen
und alles unter Wasser legen.

Man konnt' vor lauter Dampf nichts sehen,
konnt' spritzen, unter Wasser gehen,
als Kind war das der größte Spaß,
wenn man in allen Wannen saß.

Inzwischen war die Wäsche trocken.
Da schlich sich schon auf leisen Socken
der nächste Arbeitsgang daher,
zum Spielen langte es nicht mehr.

Per Leiterwagen ging's zum Rollen.
Da half uns auch kein heimlich' Schmollen.
Dort stand ein riesengroßer Kasten,
gefüllt mit Steinen zum Belasten.

Auf Rollen aus ganz hartem Holz
wurde die Wäsche eingerollt,
dann vor dem Kasten abgelegt,
der sich von selbst noch nicht bewegt.
Mit einem großen Kurbelrad
wurd' er nun auf den Weg gebracht,
dann schob der Kasten groß und schwer
einmal hin und einmal her.

So walzte er die Wäsche platt
bis alles gerade war und platt.
Das ging 'ne Stunde und oft mehr,
die Arme wurden lang und schwer.

Das war die GUTE ALTE ZEIT,
noch heut tut mir mein' Mutter leid.
Sie musste darben und sich plagen,
doch niemals hörte ich sie klagen.

Das GUTE an der alten Zeit:
Es gab mehr Liebe, Menschlichkeit!

Heut' gibt's Maschinen, Automaten,
zum Waschen, Trocknen, Kochen, Braten.
Ein jeder strebt nach Macht und Geld
und reist heut um die ganze Welt.

Das Menschliche bleibt auf der Strecke,
so dass ich manchmal schier erschrecke.

Ehen gehen heut entzwei,
niemand empfindet was dabei.
Auch damals gab's zuweilen Krach.
Doch hielt man jeden Streit in Schach.
Man sprach sich aus, zähmte die Wut,
und meistens war dann alles gut.

Von Gott woll'n viele heut nichts wissen,
doch geht es ihnen mal beschissen,
dann schreien sie »Oh Gott, oh Gott,
so hilf mir doch aus meiner Not!«

Auch uns're Zeit wird mal vergehn,
ein neues Zeitalter entstehn.
Dann spricht man in Bescheidenheit
von unsrer guten alten Zeit.

Denk stets, es haben alle Zeiten
teils gute und auch schlechte Seiten.

8. Mach gute Miene zum bösen Spiel

Ab und zu gibt es im Leben
Pech, wo alles geht daneben.
Die Tasse fällt dir aus der Hand,
der Kopf stößt sich an jeder Wand,
du suchst den Schlüssel unentwegt.
»Wo hab ich ihn bloß hingelegt?«
Es eilt die Zeit geschwind vorbei,
da reißt das Schuhband dir entzwei.
Du stolperst über jeden Stein,
du fragst: »was kann das denn nur sein?«
Dann schalte ab, denk mit Gefühl,
mach gute Miene zum bösen Spiel.

Bist du als Gast bei einer Fete,
wo überwiegend junge Leute,
brauchst nur den Blick zur Bühne lenken,
wo Musikanten sich verrenken.
Mal liegen sie, dann stehn sie quer
und hüpfen schreiend hin und her.
Du stehst und kannst gar nicht verstehen
warum sie spöttisch dich besehen.
Dann schließ die Augen, bleibe kühl,
mach gute Miene zum bösen Spiel.

Willst Unbequemes du vergessen,

bemühst seit Jahren dich besessen
das längst Vergangene zu verdrängen,
doch meistens bleibt dann noch was hängen.
Ist Gras gewachsen drüber und drunter,
dann kommt ein Esel, frisst alles runter.
Dann grübele nicht, mach dir nichts draus,
sonst lachen dich die andern aus.
Mach einfach daraus keinen Hehl,
mach gute Miene zum bösen Spiel.

Wenn manche protzen, strunzen, prahlen,
sich brüsten mit gewaltigen Zahlen,
da brauchst du dich doch nicht verstecken,
auch wenn sie dich dann spöttisch necken.
Bleib so, wie dich der Herrgott schuf,
bewahre deinen guten Ruf,
lach ihnen frech ins Angesicht,
was sie so denken, stört dich nicht.
Bewahre deinen eigenen Stil,
mach gute Miene zum bösen Spiel.

Fällst du mal in ein Tief hinein,

und weißt nicht weder aus noch ein,
zerknirscht, verzweifelt und verzagt,
wirst du nun Tag und Nacht geplagt,
weißt nicht mehr, wie es weitergeht,
dann sprich im Stillen ein Gebet!
Im Glauben findst du Kraft und Mut,
und plötzlich wird dann alles gut.
Dann siehst auch wieder du dein Ziel,
machst gute Miene zum guten Spiel.

9. Verflixte Technik

Wohin das Auge schaut und blickt,
die Welt scheint heut total verrückt.
Du kannst dich drehen, wenden, bücken,
die Technik hockt in allen Ecken.
Selbst Spielzeug wird heut nach Belieben
meist elektronisch angetrieben.

Die Bank ist voll mit Automaten,
für alles braucht man viele Daten.
Es ist wahrhaftig schon ein Graus,
da kennt sich kaum ein Mensch mehr aus,
und hast du's endlich dann kapiert,
hast ganz auf Technik dich fixiert,
und deine Karte reingesteckt,
da ist der Automat defekt.
Du stehst davor mit Unbehagen,
»Scheiß-Technik« kann man da nur sagen.
Das ist der Fluch der neuen Welt,
die wir heut auf den Kopf gestellt.

Wenn du nun glaubst, du wärst gescheiter,
da geht das Spielchen gleich noch weiter.
Du willst verreisen mit der Bahn,
kommst pünktlich auch am Bahnhof an,
willst ein Billett, nur zweiter Klasse,
jedoch kein Mensch ist an der Kasse.
Du drehst dich um und wirst ganz fad,
dort steht der nächste Automat.

Siehst nur noch Zahlen, Knöpfe, Tasten,
stehst kurz davon, nun auszurasten,
drückst einen Knopf nun nach dem andern,
indes die Zahlen fleißig wandern.
Jetzt Geld hinein, du hörst es klicken,
nur Fahrschein lässt sich keiner blicken.
Dann ein Geräusch, der Zug fährt ein,
drückst alle Knöpfe noch mal rein,
der Automat zeigt keine Regung,
da setzt der Zug sich in Bewegung,
siehst nur noch seine Schlusslaterne
verschwinden hinten in der Ferne.
Das Geld ist weg und auch der Zug,
für heut hast erst einmal genug.

Was war das früher doch bequem,
brauchst nur zum Schalter hinzugehn,
»Ich möchte – bitt'schön – sei'ns so nett,
von hier nach dort ein Fahr-Billett.«
Der Mann am Schalter mit Bedacht
sagt freundlich dir noch: »Auf Gleis acht!«
Das kannst du alles heut vergessen,
wo früher noch ein Mensch gesessen,
steht heut ein seelenloser Kasten,
mit Schlitzen, Nummern und Rastern.

Doch ob man schimpft und grimmig grollt,
die Technik hat uns überholt!

10. Medien-Terror

Die Medien sind schon eine Plage,
sie quälen dich an jedem Tage.
Das Kauderwelsch nimmt täglich zu
und ständig kommt noch was dazu.
www-online–fax mal rüber,
oder ist dir eine Message lieber?

Wenn der Computer heut nicht wär,
wie wär die Welt doch öd und leer.
Heut sieht man Menschen jung und alt
beim Einkauf oder auch im Wald,
die Hand am Handy und am Ohr,
was kommen die sich wichtig vor.

Ein Mann beschaut sich eine Flasche,
da klingt »Vivaldi« in der Tasche:
»Ach Schatz, ich such dich schon so lange,
wo bist du? Hier ist schon 'ne Schlange!«.
»Vom Wurststand drei Regale weiter,
nach links, dann rechts zum Saftbereiter.«
Mit etwas Glück wird sie ihn finden,
sonst muss er ihr 'ne email senden.

Das Kinderkriegen heutzutage,
das ist schon lange keine Frage,
dazu ging früher man ins Bett,
heut geht's per Fax und Internet.

Gar bald, in ein paar Generationen,
fangen Verrückte an zu klonen,
dann kommen Babys in der Tat
zur Welt mit Handy-Implantat.

Bei Hausmusik gemeinsam singen,
als Kinder hüpfen, Seilchen springen,
mit Peitsche Kreisel drehen lassen,
mit Reifen rennen durch die Gassen,
Robinson lesen und Tom Sawyer,
mit Murmeln spielen statt mit Feuer,
dazu ist heute keine Zeit,
heut mailt und faxt man weit und breit.

Am Bildschirm Jagd auf's Moorhuhn machen,
Kriegsspiele und brutale Sachen,
am Medienterror sich berauschen
und Action-Thriller zu belauschen,
doch eigene Fantasie entfalten,
dafür lässt man die Medien walten.

Der Lehrer in der Schule sagt:
»Jetzt ist Mathe angesagt!«
»Wie viel ist fünf Prozent von dreißig?«
»Herr Lehrer«, sagt der Max, »das weiß ich,-
nur sagen kann ich's heut nicht hier,
mein Taschenrechner, der ist leer.«

11. Man muss nicht immer der Erste sein

Willst Du am Ziel der Erste sein,
dann teile Deine Kräfte ein.
Gar manchem ist es schlecht bekommen,
weil er sich gänzlich übernommen.

Am Bahnsteig vor dem Automaten
Sieht man die Leute sich beraten.
Der Bildschirm fragt: »Wohin? – Woher?«
Man drückt die Schalter hin und her,
»Fährst Du erst morgen? Oder gleich?
Im IC oder Nahbereich?«
Da kennt sich keiner richtig aus,
wie kriegt man nun den Fahrschein raus?

Du drehst Dich um und wirst ganz bange,
denn hinten ist schon eine Schlange.
Beschämt trittst Du jetzt auf die Seite,
machst Platz für andere und »Gescheite«.
Die schwätzen grad so dumm daher,
jetzt muss ein Bahnbeamter her.
Gekonnt drückt er nun alle Tasten,
der Preis erscheint jetzt auf dem Kasten,
schnell in den Schlitz das Geld hinein,
der Zug fährt auch inzwischen ein,
beim nächsten Mal, das siehst Du ein,
willst Du nicht mehr der Erste sein.

Beim Sport wird vieles übertrieben,
der Ehrgeiz gibt sich nicht zufrieden,
wer seine Grenzen überschreitet,
dem Körper Qualen nur bereitet,
der sieht sich oft nicht mehr allein,
denn jeder will der Erste sein.
Mit Drogen und manch falschen Spielen
will mancher nur den Sieg erzielen.
Der wahre Sportsgeist ist verschwunden,
der Körper wird kaputt geschunden,
wer andern keinen Sieg will gönnen,
der muss erst mal verlieren lernen.
Den letzten Spurt macht man allein,
doch da will keiner Erster sein.

12. Das Handy

Wer heute noch kein Handy hätt,
der hätt fürwahr ein Handicap.
Ein Handy braucht man überall.
Im Dienst, privat und überall.

Das Handy ist ein großer Segen,
denn ohne es stehst glatt im Regen.
Beim Einkauf ist es unentbehrlich,
weil Einkaufzettel oft recht spärlich.

Du solltest noch zwei Gurken kaufen
und findest einen großen Haufen.
Per Handy rufst du dann daheim:
»Sollen es kurze oder lange sein?«

Willst du als Freier auch bestehen,
lass dich nicht ohne Handy sehen,
ein Handy gibt dir erst Balance,
denn ohne hast du keine Chance.

Du musst es richtig nur verstehen,
auffällig damit umzugehen.
Du führst dein Handy an das Ohr,
dann beugst du dich ein wenig vor,
gibst acht, dass dich auch alle sehen
und jedes Wort genau verstehen.
Dein Ego blitzeschnelle wächst,
egal, was du für 'n Blödsinn schwätzt.

So mancher wär auf der Toilette
ein armer Tropf, wenn er keins hätte.
Du gehst hinein und schließt die Tür,
dann fehlt am Ende das Papier.
Mit Handy hast du keine Sorgen,
du lässt es ganz schnell dir besorgen.
Früher war das ein Problem,
wie ist es heute doch bequem.

Auch in der Bahn, das glaube mir,
verschafft ein Handy dir viel Ehr.
Du sitzt im voll besetzten Zug,
gib acht, dass auch ein jeder guckt.
Dann wählst du und fängst an zu schwätzen,
die andern wissen das zu schätzen,
du brauchst dich gar nicht zu genieren,
kannst lauthals weiter kommunizieren.
Im Lautsprecher erklingt ein Ton:
des Schaffners Zuginformation.
Doch kann man kaum ein Wort verstehen,
weil Handyfonisten dazwischen schreien.

Lass dich nicht stören, bleibe heiter,
schwätz laut den gleichen Unsinn weiter,
sei unbesorgt, denn jeder schätzt
dein dreifach-saudummes Geschwätz.

Auf Sitzplatz 8 klingt's: »Didl di da,
hallo ich hier, wer ist denn da?«
Er hat den Chef grad in der Leitung,
erwartet eine wichtige Weisung,
hat eine Stunde schon lamentiert,
dann hat's der Chef endlich kapiert,
er will grad die Antwort geben,
da fängt das Handy an zu beben.
Das erste Wort kommt grad noch her,
dann Schluss – der Akku, der ist leer.

Es gibt heut vielerlei Allüren,
eine davon heißt HANDYFONIEREN:
Was du heut nicht mehr schreiben magst,
das wird gemailt oder gefaxt.
Manch einer hat schon handyfoniert,
Und oft hat's gar nicht funktioniert.

Der Sheriff trägt zu jeder Zeit
den Colt am Gürtel schussbereit.
Der neue Snob für alle Fälle
trägt's Handy an derselben Stelle.

Ein Handy hat auch gute Seiten.
Das darf man keineswegs bestreiten,
nur prüfe man die Nützlichkeit.
EIN JEDES DING ZU SEINER ZEIT!

13. Ode an den Schurwald

Hoch über'm Neckar, stolz und traut,
hat Gott den Schurwald aufgebaut.
Er ladet dich zum Wandern ein,
hier bist Mensch, hier darfst du's sein.
Durch seine Wipfel weht der Wind,
er ist des Herrgotts liebstes Kind,
oh Wand'rer, der du kommst gegangen
lass dich von diesem Rausch einfangen.

Der Vöglein Sang, der Bäche Rauschen,
bleibt stehn, um andächtig zu lauschen!
Hoch droben dort am Himmelszelt
ziehn Wolken über unsre Welt.
Es ist, als wollen sie uns sagen:
»Die Menschen werden bald verzagen,
wenn sie die Erde so missachten
und nur nach Macht und Reichtum trachten.

Geh in dich, Mensch, eher die Natur!
Dein Leben misst nach Jahren nur,
des Schöpfers Werk wird ewig leben,
drum dank ihm, dass er dir's gegeben!«

Es klopft der Specht, der Kuckuck schreit,
oh wundersame Einsamkeit.
Ein scheues Reh spring ins Gebüsch,
dass es der Jäger nicht erwischt.

Es tiriliert voll Lust die Lerche,
sag, Mensch, gibt's eine schön're Kirche?

Die Amsel und der Fink, die Meise
erfreuen dich mit einer Weise.
Am Boden blüht das zarte Moos,
und Eichen stehen stolz und groß,
sie mahnen dich mit jedem Zoll,
dass nichts wird größer als es soll!

Die Symphonie des Waldes klingt,
als ob ein großer Chor sie singt.
Es rauscht der Wind dazu sein Lied,
im Takt der Wald sich mit ihm wiegt,
die Bäume elegant sich neigen,
grad so, als spielten tausend Geigen.

Ein Bächlein plätschert froh und munter
in wildem Lauf den Hang hinunter.
Es zieht der Bussard seine Kreise,
und Käfer gehen auf die Reise.
Ich grüße dich von nah und fern,
ach Schurwald, ich hab dich so gern!

14. Des Schöpfers Mahnung

Wenn Menschen gegen die Natur
aus reinem Egoismus nur
Wälder, Berg und Wasser schänden,
das wird in Katastrophen enden.

Da werden Wälder kahl geschlagen
und in das Sägewerk getragen,
um Bauholz, Möbel draus zu machen,
doch oft auch unnütz viele Sachen.

Prospekte, Werbematerial
kommt täglich an in großer Zahl,
tonnenwiese für Paper
wird mancher Baum gefällt dafür.

Gelassen schaut der Herrgott zu,
das bringt ihn noch nicht aus der Ruh,
doch bald wird es ihm gar zu bunt,
er tut's den Menschen deutlich kund.

Mit einem Hauch lässt er sodann
den Wind anschwellen zum Orkan.
Es rauscht und knistert in den Zweigen,
beängstigt sich die Äste neigen.

Bald tobt der Sturm in voller Stärke.
    Jetzt geht der Schöpfer ernst zu Werke.
Es kracht und donnert ringsumher,
da gibt es kein Entrinnen mehr.

Der ganze Boden ist am Beben,
die Wurzeln sich nach oben heben.
Es bricht der erste Baum entzwei,
reißt alles mit, jetzt sind's schon drei.

Im Wald ist das Inferno nun,
jetzt kracht und bricht es rundherum.
Bäume fallen kreuz und quer,
und ganze Flächen werden leer.

Der Mensch steht ohnmächtig daneben
Und rennt fluchtartig um sein Leben.
Ungebändigt ohne Halt
zerstört der Sturm den ganzen Wald.

Auch der Verkehr kommt zu Erliegen,
weil Bäume auf der Straße liegen.
Dachziegel fallen auf den Weg,
und manches Dach wird weggefegt.

Die Menschen fasst nun Angst und Schrecken,
sie fliehen, um sich zu verstecken.
Dann wird es still – die Menschen schauen
im Wald Entsetzen und das Grauen.

Das ist die Antwort der Natur,
vielleicht war es der Anfang nur ???
Wann wird der Mensch sich mal bequemen,
des Schöpfers Mahnung ernst zu nehmen?

Wo Menschen die Natur verletzen,
da wird der Herrgott Zeichen setzen.
Ob Wasser, Berge oder Wald,
irgendwo steht plötzlich HALT!

Des Schöpfers Uhr heißt EWIGKEIT,
drum mahnt er uns zu jeder Zeit.
Wenn wir die Mahnung ernster nehmen,
wird er sich auch mit uns versöhnen.

Wir brauchen die Natur zum Leben,
drum müssen wir sie schonen, pflegen.
Wir Menschen werden einst vergehen.
Doch die Natur wird neu erstehen.

15. Die Waldandacht«

Wenn Sonne und Schönwetter locken,
bleibt man nicht gern im Zimmer hocken.
Drum gingen durch den Wald spaziern
Die Emma und die Carolin.
Sie schwätzten, sangen vor sich hin,
die Emma und die Carolin.

Damit man fit und kräftig bleibt
Muss sorgen man für Seel und Leib.
Dasselbe hatten auch im Sinn
die Emma und die Carolin.
Im Gasthaus kehrten sie bald ein.
Dort gab es Speisen, Bier und Wein.
Sie stopften feste in sich rein,
bis schließlich nichts mehr ging hinein.

Dann gingen weiter sie spaziern
Die Emma und die Carolin.
Dann blieb die Emma plötzlich stehn,
man merkte, hier ist was geschehn.

Die Carolin schaut ganz entsetzt
und fragt die Emma: »Was ist jetzt?«
»Es rumpelt und rumort im Bauch.«
Drauf Carolin: »Bei mir jetzt auch.«
Sie schauten beide kreuz und quer,
ob auch kein Wanderer kommt daher.

Alsbald sind beide husch, husch, husch
Verschwunden hinterm nächsten Busch.

Ganz links da hockt die Emma hin
und rechts daneben Carolin.
Voll Andacht knien beide nieder
Und öffnen ihre engen Mieder.

Bald hört man's zischen, krachen, röhren.
Die beiden lassen sich nicht stören.
Die Zeit indes nun weiter geht,
dann merkt man, dass sich was bewegt.

Es knackt und knistert in den Zweigen,
erfolgreich sich die beiden zeigen,
erleichtert sie nun weiter ziehn
die Emma und die Carolin.

Nichts ist am Haar herbeigezogen
und auch kein einzig Wort erlogen,
so steht am Schluss der Story FINE,
Gruß Emma und auch Caroline.

Namen und Orte wurden aus Datenschutzgründen
geändert. Ähnlichkeiten mit lebenden Personen
sind rein zufällig!?!?

16. Waidmanns (Alp)Traum

Wer schleicht im Wald so hin und her,
wer hält im Anschlag sein Gewehr?
Er saust geschwind von Baum zu Baum,
nach Fuchs und Rehbock auszuschaun.
Die »Fahne« flattert ihm voran,
der Max, das ist ein rechter Mann.

Es röhrt der Hirsch schon in der Ferne,
da sieht er auf der Flasch' drei Sterne.
Schnell noch 'nen Schluck und dann gehts los,
die Aufregung ist riesengroß.
Nun legt er an, er trifft genau –
oh Graus – es war des Försters Frau.
Oh Max, das solltest du verhindern,
'ne Ladung Schrot hat sie im Hintern,
daneben hast du heut getroffen.
Ach Max, ich glaub du bist besoffen.

Das lässt der Mann nicht auf sich sitzen,
schon sieht man ihn von dannen flitzen,
nun will er zeigen, was er kann,
der brave, wack're Jägersmann.
Ein Hase hüpft vor ihm daher,
schnell ladet er noch sein Gewehr.
Er zielt mit Auge, Nas' und Mund –
doch leider trifft er – nur den Hund.

Das Waidmannsglück lässt ihn im Stich,
zerknirscht brummt er »Am Arsch leckst mich«.
Das Jagdglück haut ihn in die Pfanne,
drum kriecht er unter eine Tanne.

Da trifft ein Keiler auf ihn zu,
das bringt den Max nicht aus der Ruh'.
Er ladet neu, der Schuss geht los …
Oh mei, das ging wohl in die Hos'!

Erschrocken schaut er in die Runde,
hört schweißgebadet noch die Kunde:
»Max! – Aufstehn, hast die Zeit versäumt!«
Oh welch ein Glück, hast nur geträumt.

17. Tanne oder Fichte?

Der Tannenzapfen wächst nach oben,
die Fichte neigt sich mehr zum Boden.
Als Büblein bist du erst ein Bäumchen,
dann wächst du auf zum Manne,
vergleichst dich gern voll Stolz und Ruhm
mit einer schönen Tanne.
Nach Jahren blickst du dann betrübt,
was von der Jugend übrig blieb.
Du siehst das Ende der Geschichte,
stellst fest: bist nur noch eine Fichte.

18. Der Fotofan

Ein Fotomann ging jüngst auf Reisen,
um all sein Können zu beweisen.
Vom Himmel lacht der Sonnenschein
auf Berg und Tal, auf Flur und Hain.

Drum macht er schnell sich auf die Socken,
unzählige Motive locken.
Die Augen kreisen ringsumher,
ob etwas zu entdecken wär.

Dann bleibt er stehen und hält inne,
gespannt sind alle seine Sinne,
es hat sich was bewegt im Walde,
Geduld, Geduld, ich hab dich balde.

Er holt Stativ und all die Sachen,
die erst ein Foto wertvoll machen.
Als endlich alles er gefunden,
da war ihm sein Objekt entschwunden.

Er packt geduldig wieder ein
und denkt, es hat nicht sollen sein.
Dann lässt er schweifen seinen Blick
und hat tatsächlich wieder Glück.

Einmal von hinten, dann von vorn,
und ringsherum nimmt er's aufs Korn.
Dann legt er sich gar auf den Bauch
Und denkt »Jawohl, so geht es auch«.

Nun noch die Blende, den Verschluss,
und jetzt zu allem Überdruss
noch die Entfernung eingestellt,
nur voller Technik ist die Welt.

Ein Bussard kreist am Firmament,
das ist der richtige Moment.
Er zielt, ein Klick, man hört es rasten,
okay, das Bild ist nun im Kasten.

Ein Selbstporträt kommt noch dazu,
selbst ausgelöst, was sagt man nu?
Der Film ist voll, nun schnell zurück,
wie strahlt er freudevoll vor Glück.

Schnell ins Labor, entwickeln lassen,
nun heißt es, in Geduld sich fassen.
Doch nun haut ihn der große Hammer,
er wird ganz blass, es ist ein Jammer.

Er schaut und kann es gar nicht fassen,
hat er noch wirklich alle Tassen?
Er schreit: »Da hab'n wir den Salat.
Es war kein Film im Apparat!«

19. Lass Dir Zeit

Wer fleißig schafft fürs täglich Brot,
der hat am End auch keine Not.
Drum braucht er sich auch nicht zu scheuen,
sich an der Freizeit zu erfreuen.
Mach mit dem Rad'ne Fahrradtour
und schau hinein in die Natur.
Wo's dir gefällt, bleib einfach stehen,
um all die Schönheit anzusehen.

Ach, was gibt es da zu schauen,
Wiesen, Wälder und auch Auen,
Bächlein füllen einen Weiher,
dort schwimmen Enten, fliegen Reiher.
Bei Sonnenschein und auch bei Regen
kannst du dich fröhlich fortbewegen.
Man muss nicht immer ständig rasen,
sonst übersieht man die Oasen,
die dich zum Rasten animieren,
dir Ruh' und neue Kraft spendieren.

Wer nur nach Kilometern zählt,
sich ruhelos rastlos müht und quält,
nur um zu zeigen, was er kann,
egal ob Weiblein oder Mann,
der weiß oft nicht, was ihm entgeht,
wenn er allein nach Leistung strebt.
Wer nur nach Größerem will streben
und niemals träumt vom Garten Eden,

der ist fürwahr ein armer Wicht,
der Schöpfung Schönheit kennt er nicht.

Halt ruhig an und setz dich nieder,
erfreu dich an der Vögel Lieder,
schau zu den Wolken, die im Reigen
tänzelnd neue Bilder zeigen,
lass deine Fantasie frei laufen,
nimm dir die Zeit, hineinzulauschen.

Schau auch mit Ehrfurcht in der Stille
In manch' altstädtische Idylle.
Fachwerkhäuser, Kirchen, Türme,
sie überlebten manche Stürme,
erzählen dir von alten Zeiten,
von Elend, Not und Ärmlichkeiten.
Doch auch von trauter Heiterkeit,
bescheidener Zufriedenheit.
n Harmonie gemeinsam singen,
statt nur nach Ruhm und Reichtum ringen,
das tat man einst in froher Runde
zu abendlicher Freizeitstunde.

So vieles gibt es doch zu sehen,
man muss es richtig nur verstehen,
brauchst dir das Leben nicht vermiesen,
tu fröhlich die Natur genießen.

20. Die Sonnenfinsternis

Ob Bus, ob Flugzeug oder Bahn,
kommt selten pünktlich an nach Plan.
Nur eins kommt pünktlich ganz gewiss:
die große Sonnenfinsternis.

Es ist das Schauspiel des Jahrhunderts,
und jeder ist gespannt, wen wundert's?
Die Medien schon lang berichten,
da könnt' man glatt darüber dichten.

Man liest und hört nichts anderes mehr,
am elften kommt etwas daher,
schaut's an, berichtet frank und frei
voll Stolz: »Wir waren auch dabei!«

Ein jedes Wort kriegt KÜRZEL heute,
so wollen's die modernen Leute,
für SONNENFINSTERNIS wird jetzt
die Kurzform SOFI angesetzt.

Es boomt die Optik-Industrie
in diesem Jahr so wie noch nie.
Des Bäckers neustes Angebot
strahlt vom Plakat: KORONA-BROT.
Weil SOFI-BRILLEN viel zu lang,
hat man sie SOFIBRI genannt.

Der Tag der Dunkelheit rückt ran
und Sektengurus fangen an
gar Unheilvolles zu verkünden:
»Kommt schnell zu uns mit euren Sünden,
die Welt geht unter, seid bereit,
wir geben euch die Seligkeit.«

In Deutschland ist's schon lange Nacht,
das hat die Politik gemacht,
drum können uns, so ist's zu hören
die paar Minuten auch nicht stören.

Es dauert nur noch ein paar Stunden
dann hat die SOFI uns gefunden.
In Stuttgart, das ist nun gewiss,
sieht man die größte Finsternis,

drum strömen sie aus allen Gauen,
das Schauspiel aus dem All zu schauen.
Man scheute weder Zeit noch Geld,
hat alles schon bereitgestellt.

Die Medien gaben sich viel Mühe
und haben schon in aller Frühe
in Wort und Bild davon berichtet,
indes der Himmel sich verdichtet,

Denn eines hat man nicht bedacht:
Ob wohl das Wetter auch mit macht?
Das macht ein Höherer allein,
da ist der Mensch doch viel zu klein!

Die vielen tausend Menschenmassen,
sie können es noch gar nicht fassen,
dass Regenschauer niedergingen
und sie um das Erlebnis bringen
die Sonnenscheibe schwarz zu sehen,
nun bleiben sie im Regen stehen.

Punkt 12.30 Uhr war's dann Nacht,
und dann war alles schon vollbracht.
Das alles ging sekundenschnell
und kurz darauf war's wieder hell.

Das große Schauspiel ist zu Ende,
der Brillenmarkt reibt sich die Hände.
Ob wohl die Menschen es verstehen,
dass sie ein Stück NATUR gesehen???

Was sind im Kosmos tausend Stunden?
Bei uns sind es ein paar Sekunden.
Gelassen dreht die Erde weiter,
die Sonne scheint mal trüb, mal heiter,
und auch der Mond kreist wie bisher
um uns herum im Kreisverkehr.

21. Die Nacht

Ein Ritter reitet durch die Nacht,
die Rüstung quietscht und knarrt und kracht.
Es ist stockdunkel in der Nacht,
was hat er bloß dabei gedacht?
Am Waldesrand, da bleibt er stehn,
's ist Nacht, drum ist er nicht zu sehn.
Ganz hölzern steigt er nun vom Pferd,
weil ihn der Eisenanzug stört.
Jetzt geht er hinter einen Baum,
der steht direkt am Waldessaum.
Er schreitet langsam, denn es ist Nacht,
kein Stern am Himmel hält heut Wacht.

Ein Waldkauz schreit schrill durch die Nacht,
es klingt, als ob ein Kobold lacht.
Es raschelt, knistert und es kracht,
im Walde ist tiefste, dunkle Nacht.
Er stolpert ängstlich hin und her,
die Rüstung ist halt gar so schwer.

Die Turmuhr schlägt, es ist Mitternacht,
die Geister des Waldes sind erwacht.
Nun hört man Blechgepolter schallen,
wahrscheinlich ist er umgefallen.
Ein Nachtgespenst schwebt durch die Nacht,
man hört, wie's kichert, höhnisch lacht.
Der Mond schickt durch den Wolkenschleier
ein fahles Licht auf Wald und Weiher.

Es ist noch immer dunkle Nacht,
es nähert sich langsam der Verdacht,
was hat der Ritter bloß gemacht
so ganz allein in tiefer Nacht?

Der neue Tag, er kommt ganz sacht,
zu Ende geht die dunkle Nacht.
Als sich der Spuk davongemacht
ist auch der Ritter aufgewacht.
Er hat geschlafen die ganze Nacht,
was glotzt ihr so, was habt ihr gedacht?

22. Götz von Berlichingen

Der Götz hat es uns vorgemacht,
hat stets die Obrigkeit verlacht.
Kam ihm mal einer gar zu dumm,
dann drehte er sich einfach um,
und ließ dann voller Ironie
die Hose runter bis zum Knie.
Gar spöttisch hörte man ihn singen:
Die Hymne »Götz von Berlichingen«.

23. Bella Italia

Italia und Sonnenschein,
wo Obst und Wein so gut gedeih'n,
wo jedes Wort klingt wie Musik,
schaust du in alte Zeit zurück,
lässt die Vergangenheit berichten
von oft gar schaurigen Geschichten.

Von Romeo und Julia
weiß man nicht, wie es wirklich war.
Vielleicht war's Shakespeares Fantasie,
doch alle Menschen lieben sie.

Oft werden Dichter motiviert,
wenngleich so manches nur verziert.
So war auch Goethe fasziniert,
was ihn zum Schreiben animiert.

Ruinen aus der Römerzeit
sind hier zu sehen weit und breit.
Die Baukunst war zu jenen Zeiten
perfekt, das kann kein Mensch bestreiten.

Um die Antike zu verstehen
muss man Verona einmal sehen.
Die Etsch fließt hier durch diese Stadt,
die vieles zu berichten hat.

Auf alten Brücken, fest und schön,
kann man zum andern Ufer gehn.
Zum Schutz vor Feinden, die da lauern,
umgab man sich mit dicken Mauern.

Kunstvolle Kirchen und Fassaden,
wollen dich zur Andacht laden,
nicht nur die Schönheit zu betrachten,
sondern die Kunst voll Ehrfurcht achten,
die Gott zur Ehr der Meister schuf,
folg ehrfurchtsvoll auch diesem Ruf.

Türme, Campanile stehen
bewundernswürdig anzusehen.
Als Prunkstück schaurig schön verzerrt
sich die Arena präsentiert.

Allein die äußere Ruine
erregt mit ihrer ernsten Miene
Erinnerung an Macht und Stärke
wie alle die antiken Werke.
Doch innen ist sie grandios,
man kommt vor Staunen nicht mehr los
sich an der Größe zu erbauen,
dieses Amphitheater zu beschauen.

Akustisch ist's ein Phänomen,
ein jedes Wort kann man verstehn.
Die Stufen steil nach oben leiten
und manchem Furcht und Angst bereiten.
Doch selbst auf ganz entferntem Ort
versteht man hier noch jedes Wort.

Wo einstmals Schwert und Streitaxt klirrten
und Speere umeinander schwirrten,
wo Menschen grausam umgebracht,
wird friedlich heute Kunst erbracht.

Statt Kampfgebrüll und Schwerterklingen
hört man heut Opernarien singen.
Rund zwanzigtausend Menschen lauschen
und lassen sich davon berauschen.
Kein Mucks geht aus von diesen Massen,
es ist wahrhaftig nicht zu fassen.

Dies unter freiem Himmelszelt,
wo gibt's das sonst auf dieser Welt?
Wer dieses Glück einmal besessen,
wird's lebenslang nicht mehr vergessen.

24. Zum Gipfel des Lebens

Den Rucksack am Rücken, den Stock in der Hand
stieg ich auf die Berge und über manche Wand.
Ich sah vieles von dem, was im Tal mir verborgen,
um die Zeit, da macht' ich mir keine Sorgen.

Nicht immer war's leicht, es hat manchmal geschlaucht,
und mir fast die letzten Kräfte geraubt.
Oft, wenn ich dachte, jetzt geht es nicht mehr,
da schickt' mir der Herrgott einen Engel daher.

Der bracht' mir die Energie zurück
und flüsterte: »Hab Mut, nur noch ein kleines Stück!«
Dann hab ich am Gipfelkreuz gesessen
und alle Mühe und Plage vergessen.

Ich nahm meinen Hut ab und dankte Gott,
weil er mir wieder geholfen hat.
Voll Ehrfurcht betrachtete ich seine Welt,
die er für uns so herrlich bestellt.

So mancher Schweißtropfen ist oft verronnen
bevor man den Gipfel hat erklommen.
Doch eines sag ich mit gutem Gewissen:
Keine Mühe und Plage möcht ich vergessen.

Brauch ich heut auch mehr Zeit als noch vor Jahren,
dann denk ich: Der Lebenszug ist auch weitergefahren.
Dann sagte der Herrgott zu mir: »Mein Sohn,
von nun ab tu's langsam, das schaffst du schon!«

Ich will ihm gehorchen, wie ich's immer getan,
und geh halt an alles gemäßigter ran.
Vielleicht muss ich auf manchen Gipfel verzichten,
ich werd mich geduldig darauf einrichten.

Ehrgeiziges Streben und Eitelkeit,
das mochte ich zu keiner Zeit.
Nach Macht und Reichtum hab ich nie gestrebt,
dafür aber bescheiden und glücklich gelebt.

Der Wald und die Berge sind Kirche fürwahr,
am Gipfelkreuz finde ich den Altar.
Die Bergwelterinnerung wird nie verblassen,
ich dank Gott, dass er's mich hat erleben lassen.

25. Mein Freund, der Rucksack

Mein Rucksack und ich, wir gehören zusamm',
wir sind ein unzertrennliches Gespann.
Wo mein Rucksack ist, da bin auch ich,
mein Rucksack und ich, wir verlassen uns nicht.

Er trägt meine Lasten und ich trage ihn,
mein Rucksack und ich sind ein treffliches Team.
Wir wandern im Tal und steigen bergauf
und nehmen dabei jedes Wetter in Kauf.

Ob Sturm, Regen, Schnee, ob Sonnenschein,
mein Rucksack und ich blicken stets fröhlich drein.
Und sind wir dann müde vom Steigen und Wandern,
lehnt sich behaglich eins an den andern.

Ist manche Tour auch voll Mühe und Qual,
mein Rucksack, der lächelt allemal.
Nie ist er verdrießlich, nie motzt er und mault,
er ist immer tapfer und niemals vergrault.

Er sammelt Erinnerungen ohne Zahl
Und trägt sie vom Berg hinunter ins Tal.
Wenn einst mich der GROßE BERGFÜHRER ruft,
dann legt mir den Rucksack mit in die Gruft,
wir waren stets Freunde in Freude und Leid,
so führ uns der Herr in die Ewigkeit.

26. »Unser täglich Brot gib uns heute«

Das Brot, das wir im Wohlstand essen,
lässt leider uns sehr schnell vergessen
die Nachkriegszeit mit ihrer Not.
Es gab keine Kartoffeln und kein Brot,
und mancher ging – ich sag's im Vertrauen –
heimlich aufs Feld Kartoffeln klauen.

Die Stromversorgung klappte noch nicht,
Petroleum und Kerzen sorgten für Licht.
Für den Transportverkehr gab es kein Benzin,
man musste nun alle Register ziehn.
Man glaubte schon, nun sei alles verloren,
da wurde der Holzfeuer-Gasmotor geboren.

Der Generator stand neben dem Führerhaus,
war der Holzvorrat zu Ende, da ging er aus.
Mit deutschem Fleiß und Erfinderdrang
kam so die Wirtschaft wieder in Gang.

Da gabs keine Standesdünkel, jeder packte an,
ob jung oder alt, ob Frau oder Mann!
In der Zielsetzung waren alle sich eins.
Nur Brot, das gab es leider noch keins.
Doch allen Unkenrufen zum Hohn
funktionierte auch bald wieder die Organisation.

Dazu brauchten wir keine Fremdarbeiter.
Wir kamen aus eigener Kraft Schritt für Schritt weiter.
Auf den Feldern reiften inzwischen die Ähren,
bald konnt' wieder Brot gebacken werden.

Da stand man oft stundenlang in der Schlange,
es wurde einem dabei Angst und bange,
dann kam oft die Botschaft gequält heraus:
»Der Brotvorrat reicht nicht, geht wieder nach Haus.«

Die Zeit verging wir hatten's geschafft,
unsere Wirtschaft war wieder flott gemacht.
Das Brot kam wieder zu seinen Ehren,
mit Genuss konnten wir's auch ohne Wurst verzehren.

Die Jugend von heut kannte noch niemals Not,
drum findet man oft achtlos weggeworfenes Brot.

Wir bitten den Herrgott ums tägliche Brot,
drum muss man es ehren auch OHNE NOT!

27. Sabinchen und die Silberblätter

Beim Wandern kann man was erleben,
da soll's die tollsten Dinge geben,
da sieht man ach so viele Sachen,
was könnt' man damit alles machen?

Sabinchen sucht auf Schritt und Tritt
und was sie find', das nimmt sie mit.
Auf einmal ruft sie: »Ach, wie schön,
was hier für Silberblätter stehn!«

Schon ist sie im Gebüsch verschwunden,
jetzt hat sie wieder was gefunden.
Man sieht sie zwischen Strauch und Buchen
nur noch nach Silberblättern suchen.

Sie zupft und pflückt grad wie besessen
und hat die andern fast vergessen,
dann tritt sie aus dem Wald heraus,
hält in der Hand 'nen Riesenstrauß.

Doch jetzt geschwinde zu den andern,
die schon viel weiter vorne wandern.
Die Rucksackklappe wird gelupft,
der Strauch dann quer hineingestopft.

Beim Karle sträuben sich die Haare,
er kennt das Spiel schon ein paar Jahre,
und dann kommt das, was kommen musste,
was er aus Erfahrung wusste.

Bei jedem Schritt, es ist gediegen,
sieht man ein Blatt zur Erde fliegen,
sie kann nicht mehr verloren gehn,
man braucht nur nach den Blättern sehn.

Beim Heimfahrn mit der Eisenbahn
da fängt der Spaß erst richtig an.
das hätt' Sabinchen nicht gedacht,
der ganze Zug hat nun gelacht.

Jetzt sitzt sie da mit trübem Sinn,
die Silberpracht, sie ist dahin,
sie mag sich drehen oder wenden,
hat nur 'nen Besen noch in Händen.

Es lacht die Wanderschar im Chor,
denn sowas kommt nicht selten vor.
Sie schaut mit traurigem Gesicht,
das ist das Ende der Geschicht'.

28. Die ewigen Nörgeler – aber nicht bei uns!

Wilhelm Busch würd' heute sagen:
»Ach, was hört man doch für Klagen
von Leuten, die nur stänkern müssen,
doch von der Arbeit gar nichts wissen.«

Egal was einer tut im Leben,
da wird es immer Menschen geben,
für die macht keiner etwas recht,
sie selbst sind gut, die andern schlecht.

Da gibt sich mancher viel Mühe,
beginnt schon morgens in der Frühe,
lässt seine Fähigkeiten walten,
um etwas Gutes zu gestalten,
denkt nicht an sich, nur an die andern,
sei es ein Ausflug oder wandern.

Er opfert Freizeit und auch Geld
und hofft, dass alles auch gefällt.
Hat alles gut organisiert,
damit auch gar nichts mehr passiert.
Bald ist's so weit, es kann beginnen,
man freut sich schon auf das Gelingen.

Er hat an alles auch gedacht,
damit er andern Freude macht.
Ein Bus-Ausflug wird heut gemacht,
alles jubelt, alles lacht,
man fährt schon ein paar Kilometer,
da hört man heimlich schon Gezeter.
»Es ist zu warm, macht's Fenster auf!«
Der nächste gibt noch einen drauf:
»Es zieht – sofort die Fenster schließen,
oder wollt ihr mich verdrießen?«

Man ist am Ziel und geht spazieren,
schon wieder tut sich wer mokieren:
»Es geht zu langsam, schlaft nicht ein«,
er will halt stets der Erste sein.
Ein anderer schreit: »Rennt nicht so schnell,
ich komme kaum noch von der Stell'.«

Im ersten Gasthaus kehrt man ein
und alle tappen hinterdrein.
Jetzt kommt der Kampf ums Platzfreihalten,
das ist nicht einfach zu gestalten,
dem einen zieht es ins Genick,
ein anderer will ein Stück zurück.

Hat jeder seinen Platz gefunden,
lässt Essen, Trinken sich gut munden,
gleich geht das Nörgeln wieder los,
das Schnitzel, das sei viel zu groß,
der Kaffee kalt, der Wein zu sauer,
es riecht nach Landwirtschaft und Bauer.

Doch allen Menschen recht getan
ist eine Kunst, die niemand kann.
So sagt's der Volksmund, er hat recht!
Einer find's gut, der andre schlecht.
'Ne Minderheit wird's immer geben,
den' macht man nie was recht im Leben.

Wer nörgelt, soll es besser machen
und seine Zunge sehr bewachen,
erst dann wird er beschämt gestehen,
dass er das so noch nie gesehen,
er lernt nun spätestens erst schätzen,
dass andre sich die Hacken wetzen,
zu planen und organisieren,
um Wanderungen gut zu führen.

Hört man oft solche Horrorkunde
aus dieser oder jener Runde,
kann uns das überhaupt nicht stören,
weil wir zu denen nicht gehören.

Bei unserer lustigen Wandertruppe
spuckt keins dem andern in die Suppe.
Wenn etwas nicht so recht gefällt,
wird es gemeinsam abgestellt.
In aller Freundschaft diskutieren,
wird stets zu guten Zielen führen.

So dankt und schätzt auch JEDERMANN
die Wanderführer, Frau und Mann!
So war's bei uns seit vielen Jahren.
So wollen wir's weiter auch bewahren.

29. Die Sauerkraut-Kur

Ein Wintertag mit Schnee und Sonne,
das ist wahrhaftig eine Wonne.
Man schreitet stolz auf Schnee und Eis,
und freut sich über jeden Sch...erz.
Nach ein, zwei Stunden kehrt man ein,
weil's üblich ist, so muss das sein.

Die Speisekarte kommt daher.
»Reich mir mal deine Brille her!«
»Hm,ah, das klingt verlockend,
hier bleiben wir 'ne Weile hocken.
Guck mal, wie der da auf sein' Teller schaut,
Schweinsbraten, Knödel, Sauerkraut,
das wird bestellt, das ist gesund,
du wirst gleich sehen, da geht's rund.«

Gehst weiter dann,'ne halbe Stunde,
da macht das Kraut die erste Runde.
Es drückt und blubbert, will hinaus,
doch weit und breit kein einzig Haus.
Der Schnee zu tief, der Weg begangen,
fängst an zu jammern und zu bangen.

Dann endlich kommt der erste Ort,
ein Gasthaus, schnell auf den Abort.
Erleichtert gehst du froh und heiter
doch schon 'ne viertel Stunde weiter
rumort's schon wieder dir im Magen,
traust dich kaum einen Schritt zu wagen.

Schaffst's grad noch bis zum Bahnhofsklo,
hockst rein und stöhnst: »Was bin ich froh!«
So stellt das Sauerkraut, das feine,
dich immer wieder auf die Beine.

Jetzt geht es auf die freie Strecke,
dann hältst du an, schreist: »Au – verrecke!«
Du fühlst es brodeln, zischen,pfeifen,
jetzt schnell den Arsch zusammenkneifen.
Ein Busch am Wege, nichts wie hin,
nur nach Entsorgung steht dir der Sinn.

Die Hose runter, eins-zwei-drei,
rums-plumps – und schon ist es vorbei.
Und ist der Schnee auch nass und kalt,
denk – die Erleichterung kommt bald.

Wen kümmert's, wenn da Leute gehen,
die werden's bestenfalls verstehen.
Das Fazit, das kann jeder wissen:
fünf Stund' gewandert, fünfmal geschissen.

* *

Wenn dich die Magenstürme plagen,
du merkst, es geht dir an den Kragen.
Dann gibt's nur eins, das dich errette:
ein schneller Gang zu der Toilette.

30. Der Euro kommt

Die DEUTSCHE MARK sprach: »Ich muss passen
und werde euch demnächst verlassen!«
Sie muss nun doch dem EURO weichen,
das trifft die Armen und die Reichen.

Beängstigt jetzt ein jeder stöhnt:
»Ich hab mich so daran gewöhnt!«
Sie war ja schließlich etwas wert
und auch im Ausland sehr begehrt.

Im nächsten Jahr, oh weh und Schreck,
da ist die gute D-Mark weg.
Dann musst du wieder rechnen können,
den D-Mark-Kurs in EURO nennen.

Prozente rauf und wieder runter,
plus x-mal minus, Strich darunter
und nun das Komma noch hinein,
soll's linkser oder rechtser sein?

Nach rechts scheint alles viel zu teuer,
doch links ist's auch nicht ganz geheuer.
Am besten nimmst du die Tabelle,
da ist es einfach und geht schnelle.

Was man sich für Gedanken macht,
vielleicht geht's besser als gedacht.
Der Mensch verurteilt, tut versöhnen,
wird sich an EURO auch gewöhnen.

Beim Urlaub in 'nem Euro-Land
ist auch der EURO anerkannt,
brauchst nicht mehr Schilling, Lire tauschen,
kannst mit dem EURO alles kaufen.

Egal ob D-Mark, Lire, EURO,
beschissen wirst du so und so!
Ist manches billig oder teuer,
den Rest holt sich die Mehrwertsteuer.

Gar mancher hat so seine Art,
wo er sein Spargeld aufbewahrt,
Matratzen, Strümpfe, Sofaecken,
da können sie ihr Geld verstecken.

Hol's raus, sonst ist mit einem Rutsch
der schöne D-Mark-Segen futsch.
Das Sparschwein ist jetzt reif zum Schlachten.
Das sollte jeder schnell beachten.

Was mit dem EURO wird geschehen,
das werden wir bald alle sehen.
Darum füllt Teller, Gläser, Schalen,
solang wir noch in D-Mark zahlen.

31. Jetzt ist der Euro da

Nun ist der Alptraum ausgeträumt,
die D-Mark hat das Feld geräumt.
Der Euro herrscht im ganzen Staat,
oh, weh! Jetzt haben wir den Salat.

Der Schwindel ist jetzt aufgeflogen,
das Volk wurd' wieder mal belogen.
Wie hat es denn so schön geheißen?
»Wir wollen euch doch nicht bescheißen,
es bleibt wie's war, wird nicht teuer!«
Die Lüge war schon ungeheuer.

Ein dreifach Hoch mit Euro-Preisen,
man merkt es, will man mal verreisen.
Die Bahn auf unverschämte Weise
erhöht als Erste gleich die Preise,
und alle folgen mit Elan
dem Beispiel Bus und Eisenbahn.

Frisöre, Händler aller Arten,
sie können's schier nicht mehr erwarten.
Sie wollen alle uns beweisen:
Es geht jetzt aufwärts mit den Preisen.

Und keiner unserer Volksver(?)treter
beendet mutig dies Gezeter.
Die Preise hoch, die Steuern her,
wer schon viel hat, bekommt noch mehr.
So wurde wieder von ganz oben
die Inflation vorangeschoben.

Die Rentner und die Arbeitslosen
spür'n nur die Dornen, nicht die Rosen.
Händler und auch Produzenten
verhöhnen uns mit Argumenten:
Es sei doch alles wie bisher!?
Nur glaubt den Schwindel keiner mehr.

Der Einkauf wird zum Abenteuer,
wieso ist alles nur so teuer???
Statt ab- wird nur noch aufgerundet,
das wird uns täglich neu bekundet.
Der Konsument kann sich nicht wehren,
er darf nur brav die Taschen leeren.

Die Steigerung von Geld heißt heute:
D-Mark, Euro, Teuro, PLEITE!

32. Bargeldlos

Das Geld ist schon ein Teufelszeug
für große und auch kleine Leut.
Das Geld tat schon zu allen Zeiten
Probleme und Verdruss bereiten.
Das Geld ist schon ein Bösewicht,
der eine hat's der andere nicht.
Das Geld bereitet oftmals Qualen,
besonders, wenn man muss bezahlen.

Man kann mit Geld auch Freude machen
und der Empfänger darf dann lachen.
Man kann es vielseitig gestalten,
es ausgeben oder behalten.

Der eine steckt's in seine Taschen,
da schlüpft es manchmal durch die Maschen,
der andre tut's ins Portemonnaie,
dann macht er's auf und schreit: »Oh, weh!
Wo nehm ich jetzt das Bargeld her?
Der Geldbeutel ist ach so leer.«

Da kommt der rettende Gedanke,
schon öffnet sich ihm eine Schranke
zum bargeldlosen Geldverkehr,
das haben wir gleich, das ist nicht schwer.

Er schreitet mit geschwellter Brust
zum Geldautomaten bei der Post.
Er nimmt die Karte, schiebt sie rein
und die Geheimzahl hinterdrein.
Jetzt nur Geduld und bitte warten,
dann merkt er, er hat schlechte Karten.
Er wird vom Display nun belehrt.
die Nummer, die war ganz verkehrt.

Noch einmal jetzt von vorn beginnen,
der Automat soll nur nicht spinnen,
klick, klick und klack und wieder nischt,
verflixte Technik, so ein Mist!

Jetzt muss der Postbeamte her,
sonstig gibt's am End noch ein Mallör.
Sehr freundlich kommt der gute Mann
und hört sich seine Klage an,
er schiebt die Karte selbst hinein.
»Nun geben Sie die Nummer ein.«
Er dreht diskret sich auf die Seite –
da ist sie nun – die dritte Pleite.

»Es scheint, die Nummer ist verkehrt«,
so wird der Kunde nun belehrt.
»Das kann nicht sein, ich weiß gewiss,
dass diese Nummer richtig ist.«

Der gute Postmann eilt von hinnen,
um schnellstens Klarheit zu gewinnen.
»Ach bitt'schön, machen's sich die Müh
und kommen morgen in der Früh.
Dann werden wir noch einmal sehen,
was mit der Nummer ist geschehen.«

Nun schaut er ganz betröppelt drein.
Er hat kein Geld – da fällt ihm ein,
er hat ja noch 'ne Volksbankkarte,
die doch sein Girogeld verwahrte.
Nur eins bereitet ihm noch Kummer:
Hoffentlich stimmt nun diese Nummer.
»Hurrah«, schreit er, »was kost' die Welt?
Es hat geklappt, jetzt hab ich Geld.«

Am nächsten Morgen, wie gesagt,
ist nochmals er zur Post gejagt.
Und wieder dreimal negativ,
da ging wohl wirklich etwas schief?!?

Zu Hause dann, am nächsten Tag,
da stellt er fest, woran es lag:
Statt 9 hat er 2 eingegeben,
man irrt sich eben mal im Leben.

33. Ansichten und Standpunkte.

Alles im Leben ist relativ,
das eine zu hoch, das andere zu tief.
Der eine hat wenig, der andere viel mehr,
das Glas ist halb voll oder halb leer.

Zuviel kann das Leben dir vermiesen,
gemäßigt kannst du es genießen,
brauchst nicht auf alles im Leben verzichten,
sollst dich nur an der Vernunft ausrichten.

Die einen fliegen um die Welt,
andere haben dafür kein Geld,
der eine möcht auf des Berges Gipfel,
ein anderer begnügt sich mit der Bäume Wipfel.

Jener möcht nur vom Süßen naschen.
ein anderer berauscht sich mit vollen Flaschen.
Was ist falsch, und was ist richtig,
allein der Standpunkt ist immer wichtig.

Die »Heile Welt« wird es niemals geben,
weil alle nur nach Höherem streben,
gar schnell bist du im Sog des Bösen
und kannst dich allein kaum davon lösen.

Dann wirf den Anker, sei gescheit!
Glück findest du in Bescheidenheit.
Du glaubst, du bist hoch, doch vielleicht auch tief,
denn alles im Leben ist relativ.

Wenn zwei sich gegenüberstehen,
einander in die Augen sehen,
dann schauen beide in die Weite,
ein jeder von sich aus zur linken Seite,
doch sieht ein jeder was anderes an,
es kommt halt nur auf den Standpunkt an.

Politiker von allen Seiten
tun ständig miteinander streiten,
da gibt es Gewinner und auch Verlierer,
Koalierer und Opponierer,
ob positiv oder negativ,
alles im Leben ist relativ.

Jeder Mensch hat eine Seele,
nur ein Narr glaubt, dass ihm eine fehle.
Ob Gott, Jehova oder Allah,
er ist nicht zu sehen, und doch ist Er da.
Sekten machen die Menschheit verrückt,
versprechen Reichtum, Heil und Glück.
Vor solchen Scharlatanen nimm dich in acht,
sie wollen allein nur irdische Macht.
Die Waage dafür hängt oft recht schief,
denn alles im Leben ist relativ.

34. Die Rechtschreibreform

Reformen sind zu jeder Zeit
der Politiker Zeitvertreib.
Die eine ist noch ofenfrisch,
da liegt die nächste auf dem Tisch.

Schreibt man nun groß, schreibt man es klein?
Mit ck, ee, i allein?
ob mit, ob ohne, ganz egal
verkehrt ist es ja allemal.

Herrn Duden hat man mit viel Geld
verdreht und auf den Kopf gestellt.
Ab ersten August leis und still
darf jeder schreiben wie er will.

Die Rechtschreibreform mit Bedacht,
ist nur für Rechtshänder gemacht.
Wer links schreibt, der kann ungetrübt
so schreiben wie es ihm beliebt.

Wie schreibt man Meer, wie schreibt man See?
Mehr Meer? Meerwasser und die See?
Beim Schiffen ist das ganz gediegen,
im Norden anders als im Süden.

Schifffahrt mit zwei f oder drei?
Stell dich im Hafen an den Kai,
bei Ebbe wohl zwei f genügen,
bei Flut ist eins hinzuzufügen.

Früher lehrte man uns bloß:
was anfassbar ist, schreibt man groß!
Beim Ofen kannst du sicher sein:
im Sommer groß, im Winter klein.

Ob Vogel, Pferd, Philharmonie,
mach dir nicht allzu große Müh,
schreib wie du sprichst, nimm's f dazu,
dann hast du erst mal deine Ruh.

Das »ferd« fährt mit dem Wagem »for«,
du schreibst es ja nicht in das Ohr.
Der Schmerz, der leicht und harmlos ist
mit z sich leicht beschreiben läßt,
doch haut er qualvoll dich ins Bett,
dann schreib ihn ruhig mit tz.

Die Liebelei aus Kinderzeiten
lässt sich mit einem i beschreiben.
Erst später kommt ein e dazu,
dann suchst du ohne Rast und Ruh,
bis du die große Lieb gefunden.
Die darfst' mit(i e h)bekunden.

Bei Zahlen, da gib höllisch acht,
dass ja nichts Falsches wird gemacht.,
Die Sechs wird mit ch geschrieben,
wer das nicht weiß, muss fleißig üben.

Doch Sex mit x ist kein Tabu,
heut schauen schon die Kinder zu,
denn Film und Fernsehn zeigen heute
zu jeder Zeit nur nackte Leute.
Doch sechs mal Sex in einer Tour,
das kommt auch bloß im Fernsehn vor.
Ob weiches s, ob langes e,
ob tz oder doppel t,
das ist doch heute nicht mehr wichtig,
schreib wie du's willst, 's ist immer richtig.

35. Vom Bührlesbrunnen fließet munter

das Wasser meistens nur bergunter.
Beim Bührlesfest im Albverein
gibt's Schweinehals und Wurst und Wein,
kannst auch ein »Bierle« einverleiben,
drum darfst' jetzt »Bierlesbrünnle« schreiben.

So einfach ist das heutzutage,
erhebt sich nur die bange Frage:
Was ist mit all dem Fremdwortrummel,
der sich in unsern Sprachschatz schummelt?

Wir werden ständig wie verrückt
mit Kitsch- und Fremdwörtern erdrückt.
Die Sprache wird in jedem Land
als ein Kulturgut anerkannt.
Das ließ man völlig außer acht,
was hat man bloß dabei gedacht?

36. Der Papierkorb

Wer schreiben will, braucht viel Papier,
'nen Schreibstift und so manches mehr.
Auf etwas – lass dich unterrichten –
darfst du auf keinen Fall verzichten!
Papierkorb heißt das gute Stück,
er bringt dir oft etwas zurück,
was du vor kurzem weggeschmissen,
doch plötzlich tust du es vermissen.

Du schreibst mit viel Gefühl geschickt,
was dich berührt oder bedrückt.
Mal jubilierst du ohne Ende
und formulierst kunstvoll behende.

Jetzt kommt ein klangvoll schönes Wort,
doch ist dein Wissen plötzlich fort.
Hast dein Gehirnschmalz arg geschunden,
sogar ein neues Wort erfunden,
doch selbst der DUDEN kennt's noch nicht.
Da stehst du nun, du armer Wicht.

Bald bist du an der letzten Zeile,
liest alles noch mal schnell in Eile,
viel Schusselfehler zeigen sich.
Du korrigierst, streichst, ärgerst dich.
Und stellst dann fest mit Unbehagen:
Der Schreibfehlerteufel hat zugeschlagen.

So kann der Brief nicht wirklich bleiben,
musst alles noch einmal neu schreiben.

Du nimmst das Blatt, reißt es in Stücke
Und wirfst dann alles voller Tücke
achtlos in den Papierkorb rein.
Und denkst beschämt: Strafe muss sein.

Ein neues Blatt wird nun beschrieben,
was im Gedächtnis ist geblieben.
Dann fängst du an mit dir zu ringen,
was wollt' ich denn noch alles bringen?
Das klangvoll neu erfundene Wort,
wie hieß es doch, nun ist es fort.
Hast es geformt mit allen Sinnen,
nun liegt's zerfetzt im Papierkorb drinnen.

Was du verstückelt und zerrissen,
voll Wut hast dort hineingeschmissen,
musst nun geschickt zusammenfügen
und darfst dich nicht dabei belügen.

Als Seitenrest steht hier ein »…liegen«.
Heißt das nun liegen oder fliegen?
Dann hast du dein Puzzle fast beendet.
Schon sich die Freude wieder wendet.

Die Tür geht auf, ein Windstoß zieht,
dein Kunstwerk durch die Lüfte fliegt.
Drum denk stets beim Papierkorb füllen:

Tu nichts zerreißen! –
    Nur zerknüllen!

37. Sanktus Bürokratius

Wer heut auf der modernen Erde
zum Arzt geht, Amt oder Behörde,
dem drückt man erst ganz elegant
Stapel von Papieren in die Hand.

Formulare, Fragebogen,
Merkblätter miteinbezogen,
doch die kann kaum ein Mensch verstehen,
wenn sich die »Amtsdeusch-Wörter« drehen.

Bei diesen viel verschiedenen Fragen,
da platzt dem Bürger leicht der Kragen.
Bist du ein armer oder reicher Mann?
Das geht doch niemand etwas an.

Bist du geboren oder nicht?
Schreib einfach hin: Ich weiß es nicht.
Wenn ja, dann nein oder vielleicht,
jetzt aus und basta, denn es reicht.

Hast du dann alle Fragenbogen
ausgefüllt und nicht gelogen,
die Kästchen alle kreuz und quer
angekreuzt, bis keins mehr leer,
dann darfst du in das erste Zimmer.
Dort wird die Sache noch viel schlimmer.
Du stehst schon eine ganze Weile –
Beamte haben keine Eile.

Dann hörst du einen leisen Ton:
»Nehmen Sie Platz! – Ach, Sie sitzen ja schon.«
Die Dame vor dem Bildschirm sieht,
wie alles durcheinander flieht,
sie drückt die Tasten hin und her,
auf einmal ist der Bildschirm leer.

Die andere Hand hält fest ein »Tier«,
das nennt man Maus, so sagt man dir.
»Herr Meier, wie war gleich Ihr Name?
Ach ja, hier steht er auf der Fahne.«

Dann holt sie aus dem Vorratsstoß
ein Antragsformular heraus.
»Herr Meier bitte füllen Sie es aus,
und Ihre Unterschrift noch drauf.
Damit gehen Sie auf Zimmer 8, erst geradeaus,
dann links zum Schacht,
der Aufzug bringt Sie dann ganz sacht
direkt zum Zimmer Nr. 8.

Nun hast du Zimmer 8 gefunden
und dich endlich überwunden.
Du klopfst, es öffnet sich die Tür.
Ein freundlicher Herr steht nun vor dir.
Er schaut dich an und fragt dich nun:
»Mein Herr, was kann ich für Sie tun?
Ich denk, wir werden alles klären.«

»Mein Ausweis soll verlängert werden!«
Streng schaut er auf das Dokument.
»Ja, ja. Die Laufzeit ist am End.
Die Gültigkeit ist abgelaufen,
Sie müssen sich einen neuen kaufen.
Doch leider ist jetzt Mittagspause,
am besten, Sie gehen erst nach Hause.«

Du drehst dich um und willst hinaus – ?
Das Labyrinth lässt keinen raus.
Du läufst von einem Gang zum andern
und scheinst im Kreis herumzuwandern.
Dann findest du den Aufzugsschacht,
stehst wieder vor der Nummer 8.
Fährst runter bis zur Tiefgarage
und bist jetzt schon ganz schön in Rage.

Entfernst dich nun auf leisen Sohlen.
Den Ausweis mag der Teufel holen.

38. Der Hausmann

(So ändern sich die Zeiten)

Die Hausfrau schafft, man hör und staune,
von früh bis spät mit guter Laune.
Sie kocht und wäscht, putzt jede Ecke
vom Fußboden bis an die Decke.

Das Baby schreit, der Hund muss raus,
da schrillt das Telefon, oh Graus.
Die Base möchte ein Schwätzchen halten,
Moment, schnell noch den Herd abschalten.

Es wird geschwätzt von heut und gestern,
von Nachbars Onkel, Bruder, Schwestern.
Die Zeit verrinnt, da fällt ihr ein,
das Essen sollte fertig sein.

Himmel und Hölle, Satansbrauch,
die Küche ist voll Qualm und Rauch.
Wo einst das Fleisch war, nur noch Kruste,
sie ahnte, dass das kommen musste.

Was tun? – Gleich wird ihr Mann erscheinen,
da hilft kein Jammern und kein Weinen.
Ihr Unschuldsblick erweicht gar Steine,
sie ruft: »Ich schaff's nicht mehr alleine!«

So kam's, dass eine neue Art
der Menschheit nun geboren ward.
In dieser Stund' wurd' just erkoren
der HAUSMANN, aus der Not geboren.

Oh Rätsel Weib, das ewig neue,
du hast mit List und Bauernschläue
dem Mann die Herrlichkeit genommen
und selbst den Herrscherthron erklommen.

Die Frau, das unbekannte Wesen
schwor einst auf Schrubber und auf Besen,
doch seit EMANZIPANZ regiert
wird's auf den HAUSMANN delegiert.

Nun muss der arme Mann sich plagen,
muss täglich jetzt den Müll raustragen,
zum Bäcker geh'n, um Brot zu kaufen
und mehrmals in den Keller laufen.

Muss spülen, saugen, Betten machen,
ein HAUSMANN, der hat nichts zu lachen.
Der Kaffee kocht, gleich ist's so weit,
jedoch zum Ausruhn keine Zeit.

Indes hat nun die Hausfrau Muse,
exakt liest sie Beate Uhse,
Kultur und Bildung gleichermaßen
vom Bildschirm »Denver«, »Lindenstraße«.

Damit die Bildung wird perfekt
folgt »Dallas« und noch »Falcon Crest«,
den Rest schafft »Bild« und auch »Revue«
und noch manch Medien-Giftmenue.

Der Mann, er muss jetzt putzen, fegen,
muss ständig sich im Kreis bewegen.
Behende flitzt er hin und her,
ja, so ein HAUSMANN, der hat's schwer.

Und kommt er endlich mal zur Ruhe,
dann heißt es: »Putz noch schnell die Schuhe!«
Zum vierten Mal greift er vergebens
zur Flasche Bier, oh Gram des Lebens.

So geht es nun tagaus tagein,
verzweifelt fragt er: »Muss das sein?«
Was einst den Mann, den Großen, ehrte,
sein Image nun die Frau zerstörte.

Doch wie's auch sei und was er tut,
der Hausfrau macht er's niemals gut.
Voll Ordnungssinn räumt er was fort,
natürlich ist's der falsche Ort.

Es ist zum Weinen und zum Lachen,
der Hausfrau ist nichts recht zu machen.
Tut er zu viel, ist's überflüssig,
und lässt er's sein, ist er beschissen.

Da steht er nun, der arme Tropf,
und ist vor Angst ganz wirr im Kopf.
In seinen Ohren hört er's klingen:
»Mach's doch wie Götz von Berlichingen!«

Ist dann sein Tagewerk vollbracht,
dann sagt er schnell noch »Gute Nacht«.
Mit letzter Kraft löscht er das Licht,
die letzte Pflicht ? ? – er schafft sie nicht.

Drum, liebe Hausfrau, lass dir sagen,
hilf ihm sein schweres Los ertragen.
Wer einen HAUSMANN nennt sein Eigen,
der ist wahrhaftig zu beneiden!

Und die Moral von dem Gedicht:
'nen HAUSMANN, den vergrämt man nicht.
Behandle lieb dein bestes Stück,
ein HAUSMANN ist das höchste Glück!

* *

Der Unterschied von Frau und Mann:
Sie hat Rock – er Hosen an.
Doch nach der Hochzeit wird vermehrt
die Kleiderordnung umgekehrt.
Doch das ist schließlich ganz egal,
da hört man nur noch »Dätsch mir mal?«

39. Der Hosenträger

Ein Hosenträger diente gern
von früh bis spät treu seinem Herrn.
Dann wurd' er alt, man hört ihn klagen:
»Tu deine Hosen selber tragen!«

40. Die geteilte Ordnung

Ordnung, welch ein großes Wort,
es klingt seit Kindesbeinen fort,
wer sich nicht an die Ordnung hält
gar bald in Ungnade verfällt.
Nun kennt die Ordnung die bekannten
grundverschiedenen Varianten.
Was diese Zeilen hier besagen,
hat sich tatsächlich zugetragen.

Gehäuft, gestapelt längs und breit
sind Hefte, Schreibzeug aufgereiht,
Notizen, Zettel und noch mehr,
flattern überall daher.
»Dein Schreibtisch gleicht grad einem Dschungel,
was bist doch bloß für ein Klungel?«
Also spricht die Frau zum Mann,
doch der fängt gleich zu kontern an:
»Das Prinzip, das muss so sein,
da misch' dich bitte nur nicht ein.«
Zwar ist's dem Laien unverständlich,
jedoch ist dieses unabwendlich.

Wagt sich die Frau nur in die Näh',
dann find er überhaupt nichts mehr,
drum, liebe Hausfrau, denk daran,
geht nicht an seine Ordnung ran.

Zur Küche eilt der Mann hinaus
und schaut nach neuer Arbeit aus,
will helfen seiner Frau beim Spülen,
in Tellern, Tassen rumzuwühlen.

»Schau mal, mein Schatz, ich zeige dir
wie's besser geht«, sagt er zu ihr.
»Ich mache alles mit System,
das ist besser und bequem,
denn sonst«, sagt er, »es tut mir leid,
brauchst du dafür doch zu viel Zeit.«

Das hätte er nicht sagen sollen,
denn jetzt fängt sie gleich an zu grollen:
»Ich mach das schon seit vielen Jahren,
und bin recht gut damit gefahren,
behalte deine klugen Maschen,
geh lieber raus, den Müll fortschaffen.«

Die Gattin geht zur Kaffeestunde,
zur Hausfrauen-Unterhaltungsrunde,
er ist zu Hause ganz allein,
gleich fällt ihm wieder etwas ein.
Im Schrank, wo sie auf ihre Art
ihr Näh- und Flickzeug aufbewahrt,
steht ein Karton so ganz allein,
gefüllt mit Knöpfen groß und klein.

Hier ist sein Ordnungssinn gefragt.
Was seine Frau wohl dazu sagt,
wenn er das Durcheinander endet,
seinen Erfindergeist anwendet
und mit System die Knöpfe all
geordnet findet überall?

Er holt sich Schachteln, leere Dosen,
für kleine Knöpfe und die großen,
Mantelknöpfe, schön verziert,
werden extra aussortiert,
kleine Knöpfe, große Knöpfe,
alles in verschiedene Töpfe.

Wäscheknöpfe, weiß bezogen,
bunte Knöpfe, bunte Dosen.
Wie wird die Frau jetzt jubilieren,
tut er sein Werk ihr präsentieren?!?

Ach wie enttäuscht ist nun der Mann,
sie lächelt ihn ironisch an,
er wird indes erneut belehrt:
Sein Ordnungssinn hat keinen Wert.

Gar bald schon ist sein Werk zerronnen,
das Chaos hat erneut gewonnen,
die Knöpfe liegen kreuz und quer
im großen Karton wie bisher.

Drum tue nichts, was sie nicht sagt.
Dein Ordnungssinn ist nicht gefragt,
denn wie und was du machst für Sachen,
ihr wirst du nie was Rechtes machen.
Denk nur nicht nach, und rühr dich nicht,
es ist bequemer dann für dich.

41. Hilfe, meine Frau kauft Kleider!

Gar wohl bedacht auf die Garderobe
ist nur die Frau, des Mannes Weib.
Oh, wie ich mir den Mann da lobe,
denn er liebt die Bescheidenheit.
»Mann«, sprach sie, »damit ich hole
mir ein schönes neues Kleid,
fahr'n wir zur Kleider-Metropole,
gleich morgen – du weißt nun Bescheid.«
Nun fährt man los – kaum angekommen
ist man schon längst nicht mehr allein,
hast einen Parkplatz grad gewonnen,
schon schieben dich die Massen rein.
Ach, ist das furchtbar, dies Gedränge,
man schiebt und stößt in einem fort,
gar ungestüm ist diese Menge,
wie kaum an einem andern Ort.

Ob Dicke, Dünne, Große, Kleine,
ein bunt' Gemisch aus Menschenfleisch,
schön gerade und auch krumme Beine,
dazu ein grässliches Gekreisch.
Man drückt und drängt, man stößt und jammert,
bis man den Thekenrand erreicht.
Dann greift man zu, hält's fest umklammert
und nicht mehr von der Stelle weicht.

Grad hat ein Prachtstück sie gefunden
und hängt es neben sich ganz dicht,
schon schnappen's weg zwei and're Kunden,
sie zerren, zanken fürchterlich.
Nun aber schnell zu der Kabine,
doch da steh'n viele schon davor.
Sie kocht, man sieht's an ihrer Miene,
doch steht das Schlimmste noch bevor.

Dann schlüpft sie rein in die Kleidage,
oh Schreck, das war ja viel zu klein.
Im Spiegel sieht man die Blamage:
Der Ranzen passt dort nicht hinein.
Erneut geht es auf Kleidersuche,
darf's wohl 'ne Nummer größer sein?
Find' endlich was aus buntem Tuche,
wird wohl noch nicht das letzte sein?!?

Da wird gekauft, was angepriesen,
noch immer ist kein End zu seh'n.
Kein' Frau lässt sich dies Spiel vermiesen.
Wer soll denn das bloß noch versteh'n?
Der arme Mann inzwischen leidet,
tritt sich schon Kreuz und Füße krumm.
Indes die Frau begeistert weidet,
sie läuft um jeden Stand herum.

Weil solch ein Einkauf hungrig macht
und auch die Füße leicht erschlaffen,
hat man beim Bau sehr klug gedacht
und auch ein Restaurant geschaffen.
»'Ne Kleinigkeit könnt man vertragen,
komm, lieber Mann, wir geh'n hinein.
Man fühlt sich schwach mit leerem Magen,
du weißt, was sein muss, das muss sein.«

Nun kann der Kampf erneut beginnen,
man ist gestärkt und wieder fit.
Es ist noch große Auswahl drinnen,
jetzt mischt sie wieder kräftig mit.
Ein blauer Rock, ein lila Leibchen,
ein rosarotes Abendkleid.
Sie ist das schönste aller Weibchen
im Kleider-Center weit und breit.

Jetzt Unterwäsche noch zum Schmusen
mit Rüschen, Röschen und noch mehr
und einen Halter für den Busen,
sonst baumelt der so hin und her.
Ein Höschen, den Popo zu decken
und ein Paar Strümpfe obendrein.
Des Kunden Kauflust zu erwecken,
die hohe Kunst nennt man Design.

Jetzt aber schleunigst an die Kasse,
der Ladenschluss, er naht heran,
und wieder drängt die große Masse
so gut, wie jeder drängeln kann.
Das Portemonnaie wird dünn und dünner
nach dieser langen Odyssee.
Und ihr Gesicht wird lang und länger,
gequält entweicht ihr ein »Oh weh!«
Der letzte Schein blieb auf der Strecke,
er war so rein, so glatt und schön,
liegt nun unter der Kassendecke
und ward gar nimmermehr geseh'n.

Ob 17 oder 80 Jahre,
das ist nun mal im Leben so,
zu wühlen ist das einzig Wahre,
nur das macht Frauenherzen froh.
Drum hoch die Kleider, die Garderobe,
der Frauen Lebenselixier.
Die schönste Frau wär ohne Mode
grad wie ein Maßkrug ohne Bier.

42. Der Schlussverkauf ˙

Es wälzt sich still durch alle Gassen,
man hört es, aber kann's nicht fassen.
Allmählich kommt es leis heraus:
Die Bank macht Winter-Schlußverkauf.
Eilend schieben sich die Massen
mit Beuteln, Tüten und auch Taschen.

Vor der Bank ist ein Gedränge
und weiter wächst die Menschenmenge,
alle warten sie darauf,
dass diese Bank macht endlich auf.

Da drinnen in den Heil'gen Hallen
verspürt man Emsigkeit bei allen,
da wird gezählt, geteilt, sortiert,
abgelegt und ausradiert.
Münzen werden abgewogen,
Scheine hin- und hergebogen.

Dann endlich geht die Türe auf
und alles drängt mit schnellem Lauf,
sie drücken, schieben und sie schrei'n,
und stürmen in die Bank hinein.

Für 15 Cent gibt es allein
einen 13,– Euroschein,
ein Gutschein liegt noch in der Schale
zum Einkauf in der Filiale.
Vergilbte blasse Euro-Scheine,
aber neue gibt es keine.

Münzen aus der D-Mark-Zeit
liegen zum Verkauf bereit.
Kein halber Cent wurde geschont,
der Einkauf hat sich voll gelohnt.

Die Schnäppchenjäger gehen nach Haus
und breiten ihre Beute aus.

Dann schrillt der Wecker durch den Raum: ---
»Aufstehen! « Zu Ende ist der Traum!

43. Das Haar

Das Haar, der Menschheit stolze Zier,
es wächst am ganzen Körper schier.
Am Kopf, auf Brust und an den Beinen,
aus Ohr und Nase sie erscheinen.

Kamele steh'n im Wüstensand,
Kamelhaar schützt vor Sonnenbrand.
Es fletscht der Löwe seine Zähne
und prahlt mit seiner vollen Mähne.

Haare gehören auf den Kopf
Und nicht in einen Suppentopf.
Das schönste Essen wird dir schnuppe,
find'st du ein Haar in deiner Suppe.

Wer grantig andere will vergrämen,
dem wachsen Haare auf den Zähnen.
Wenn aus der Nase Haare sprießen,
dann krabbelt es, und du musst niesen.

Mancher flechtet einen Zopf
aus seinem dicht bewachsenen Schopf.
Und kann er diesen nicht mehr leiden,
kann er den alten Zopf abschneiden.

Die Wissenschaft hat rausgefunden,
dass Aug und Schamhaar sind verbunden,
brauchst dir nur eines rauszureißen
dann merkst du, dass die Augen kneifen.

Wachsen Haare im Gesicht,
man schlicht von einem Bart spricht.
Fall'n dir die Haare ins Gesicht
dann schieb sie weg, sonst siehst du nichts.

In England haben Lord und Richter
stets ernste grimmige Gesichter
und auf dem Kopf seit 100 Jahren
Perücken mit gelockten Haaren.

Hast du ein einzig Haar in Händen
kannst du's als Messeinheit verwenden.
Bei den verschiedenen Messbereichen
Brauchst Haaresbreite nicht mal eichen.

Willst du vermeiden ein Malheur,
weil Haare flattern hin und her,
dann trenne dich von diesem Leiden,
geh zum Frisör und lass sie schneiden.

Hast du kein Geld und willst was kaufen,
dann ist das grad zum Haarausraufen.
Sitzt dir der Fiskus im Genick
Musst Haare lassen Stück für Stück.

Die Mode schreit im höchsten Tone,
die Männer gehen heut oben ohne.
Ein Glatzkopf muss es heute sein,
der glänzt so schön im Mondenschein.
Sparst Kamm und Bürste nebenbei,
ein Tuch hält dich vom Staube frei.

Im Alter, wenn die Haar erblassen,
tut mancher sie sich färben lassen.
Er schaut im Spiegel seine Pracht,
die der Frisör für ihn gemacht.
Dann fängt er plötzlich an zu grübeln,
weil er vergaß, die Falten zu bügeln.

Mit Haaren kann man viel gestalten,
man kann sie schneiden oder behalten,
kann Locken wickeln, Strähnen legen,
kräuseln, Dauerwellen pflegen,
Scheitel ziehen geradeaus,
bis dass das letzte Haar fällt raus.

Wachsen im Alter plötzlich noch Haare,
gib acht, dass man sie dir bewahre.
Beschütze sie und lass sie stehen,
damit es alle Leute sehen.

Kommst du dann einmal in die Jahre,
dann ärgere dich nicht wegen der Haare,
die sind auf einmal null und nichtig,
nur was darunter ist, ist wichtig.

44. Die Fliege

Es brummt und summt um mich herum.
Ich werd kreiznarret noch davon,
dann endlich habe ich entdeckt,
was mich die ganze Zeit so neckt:
Ein dicker Brummer, eine Fliege,
na warte, bis ich dich gleich kriege.

Jetzt sitzt sie oben an der Decke,
wart nur, ich bring dich gleich zur Strecke.
Die Fliegenklatsche muss jetzt her,
doch Vorsicht! Sonst gibt's ein Malheur.
Bis ich die Leiter angebracht,
hat sie sich aus dem Staub gemacht.

Sie hängt nun schon an der Gardine,
ich schleich mit wutentbrannter Miene,
die Klatsche hab ich wohl gefunden,
jedoch die Fliege war entschwunden.
Sie sitzt jetzt auf dem Suppenteller,
mal sehen, wer von uns ist schneller.

Doch dort will ich sie gar nicht treffen,
wer will schon Fliegensuppe essen?
Sie fliegt und landet illegal
oben auf dem Bücherregal.
Ich steige auf die Sofalehne
und hau auf's Buch vom Jakob Böhme,
verliere nun das Gleichgewicht,
dreh mich schnell um, sonst falle ich.

Die blöde Fliege glotzt mich an
und fliegt gleich an die Lampe ran.
Ich schlage zu – oh Schreck, oh Wei,
die Lampenschale geht entzwei,
ich sehe nur noch Scherben liegen,
und meinen Gegner weiterfliegen.
Er landet dann auf dem Parkett,
ich sag: »Bleib sitzen, sei so nett!«
Ich pirsch mich ran und schlage zu,
»Jetzt bist du platt, ich hab mei' Ruh!«

Der Kampf mit diesem Ungeheuer
entpuppte sich als viel zu teuer.
Drum muss man draus die Lehre schließen:
NICHT UNBEDACHT AUF FLIEGEN SCHIESSEN!

45. Die Uhr

Die Uhr, das Messgerät der Zeit,
sie zeigt uns Ruh' und Emsigkeit.
Der große Zeiger strebt in Ruhe
gemäßigt seinem Ziele zu.

Er braucht für eine einz'ge Runde
gemütlich eine ganze Stunde.
Sechzigmal und pro Minuten
muss der Sekundenzeiger sputen.

Will er die Stunde auch noch packen,
muss dreitausendsechshundertmal er tacken.
Das lässt den Stundenzeiger kalt,
er sagt »Gemach, ich komm schon bald!«

Hat er einmal seinen Kreis gezogen,
dann sind zwölf Stunden schon verflogen.
Doch alle sind im Ziel zur Stelle,
der eine langsam, der and're schnelle.

Ganz anders ist die Sonnenuhr,
sie zeigt die Zeit bei Sonne nur,
braucht weder Uhrwerk noch Gewichte,
sie wird gespeist vom Sonnenlichte.

Schon vor Jahrzehnten wurd' gesungen
und übertragen auf die Jungen:
»Mach's einfach wie die Sonnenuhr
und zähl die heit'ren Stunden nur!«

Die Turmuhr ist nicht nur zu sehen,
die Glocke gibt uns zu verstehen
in guten und in schlechten Tagen,
was uns die Uhr nun hat geschlagen.

46. Obst und Wein

Wenn im Herbst die Früchte reifen,
die Beerensucher den Wald durchstreifen,
wenn Äpfel, Birnen und auch Pflaumen
frohlocken lassen jeden Gaumen,
wenn Vogelscharen aufwärts fliegen,
den Flug nach Süden einzuüben,
dann leuchten Trauben aller Arten,
die nur auf die Lese warten.

Der Winzer stolz sein Werk beschaut,
was er mit vielem Fleiß erbaut,
damit es wächst und gut gedeiht,
schickt er noch voller Dankbarkeit
auch ein Gebet zum Lieben Gott,
der ihm das nun bescheret hat.

Die Lese, die kann nun beginnen,
der Saft wird aus der Presse rinnen,
damit er dann im Fass gegoren
zum köstlich Wein wird auserkoren.

Im Besen lässt man sich bald nieder,
trinkt Wein und singet frohe Lieder.
Wenn Alt und Jung beisammensitzen,
bei Fröhlichkeit und heiteren Witzen,
da wird der graue Alltag hell,
die Zeit vergeht dann viel zu schnell.

Doch denke beim nach Hause gehen:
Laß deinen Wagen lieber stehen!
Ein Taxi bring nach schöner Jause
dich unversehrt gesund nach Hause.

* *

Der Speck im Rauchfang, die Wurst auf dem Brot,
oh Herr, habe Dank, ich hab keine Not!
Nun fehlt mir noch zum Glücklichsein
ein Glas, gefüllt mit gutem Wein.
Trink mit Verstand den Saft der Reben,
den uns der Herrgott hat gegeben,
gemäßigt kannst du ihn genießen,
zuviel kann er dir's auch vermiesen!

47. Der Apfelkrieg

Äpfel gibt es viele Sorten,
die süßen, sauren, herben, zarten.
Die Vielzahl dieser vielen Sorten
beschreibt man mit recht schönen Worten.Coxorange,
   Idared, Elstar, Gala, Granny smith,
Jonagold und Rubinette
schmeckt mit Breaburn um die Wette.
Jonatan und Jakob Fischer, Lady pink und Golddelices,
Glockenäpfel, Goldparmänen
muss ich hier auch noch erwähnen.

Geschmäcker sind sehr unterschiedlich,
das ist gut, solang man friedlich.
Nun ist der Mensch ein Egoist,
der streitet über jeden Mist.
Der Adam ist – so kann man's lesen –
der allererste Mensch gewesen,
hat in den Apfel reingebissen
und wurd' aus dem Paradies geschmissen.
Der Herr hat ihn nun auserkoren,
dass er den Zankapfel geboren.

Ein jeder schwört auf seine Sorte,
gleich fallen arge Widerworte.
Die Wortschlacht wird nun aufgerollt:
KAMPF BREABURN GEGEN JONAGOLD.
»Mein Breaburn, der ist einzig gut!«,
das bring den andern gleich in Wut:

»Du hast mein Jonagold in Händen,
da kannst' dich drehen oder wenden.«
»Du irrst, ich keine meine Sorte!«
Und wieder fallen Widerworte.
Zu enden diesen simplen Streit
ist einer endlich nun bereit,
bringt andere Sorten auf den Plan,
da fängt der Krach von neuem an,
es klingt gerade wie ein Hohn:
»Den kenne ich seit Jahren schon!«
Was man auch sagt, es ist beschissen,
der andere will's stets besser wissen.
Der Streit wird gründlich ausgekostet.
Am End' wird alles dann vermostet.

Der Breaburn und der Jonatan
Sind alle beide – Arm in Arm –
im großen Mostfass nun gelandet,
dort wird gesaftet und gebrandelt.
Nichts ist gewonnen, nichts verloren,
gemeinsam wird es jetzt vergoren,
vom Rest wird Apfelbrei gemacht
und über diesen Streit gelacht.
So gibt's am Schluss von der Geschicht'
noch Apfelmus als Tischgericht.

48. Gedanken zum Geburtstag

Vom ersten Tage, Jahr für Jahr
kehrt der Tag wieder, das ist klar.
Als Kind erwartest du den Tag,
der dir viel Freude bringen mag.
Wirst älter nun mit jedem Jahr,
lebst sorglos in der Kinderschar.

Dann fängst du langsam an zu denken,
lässt feiern dich mit viel Geschenken.
Die Kinder-Party ist im Gange
mit Kuchen, Spiel und Sing und Sange.
Geburtstag in der Kinderzeit,
das hat noch jedes Kind erfreut.

Bald hält die Schulzeit dich gefangen,
musst fleißig lernen und auch bangen,
dass du dein Pensum auch erreichst
und keinesfalls dabei entgleist.
Denkst beim Geburtstag immer mehr:
»Wenn ich doch bloß schon älter wär«.

Nun spricht man von dem Ernst des Lebens,
du suchst das Faulenzen vergebens.
Du setzt mit Fleiß nun alles ein
und möchtest gern erwachsen sein.

Denkst an die Kindheit oft zurück,
wie war das Leben voller Glück.
Ach, wie sprachst du hocherfreut:
»Ich habe ja Geburtstag heut!«

Dann folgen viele lange Jahre,
verlierst am Kopf schon ein paar Haare,
es wechseln Liebesleid und -freud,
die Jahre eilen dann erneut,
auf 40 folgt die 50 gar,
dann wird dir plötzlich sonderbar.

Mit 70 denkst' mit trübem Sinn,
schon wieder ist ein Jahr dahin.
Kannst von der Kindheit nur noch träumen,
doch solltest du niemals versäumen
zu danken Gott für alles Werte,
das er dir liebevoll bescherte.

Denk nicht mit Groll an schwere Zeiten,
die Dir das Leben tat bereiten.
Die Speise wird erst richtig fein,
kommt auch ein bisschen Salz hinein.

Man machte vieles falsch im Leben,
das wird verziehen und vergeben.
Wer einen Fehler hat gemacht,
der gibt beim nächsten Mal schon acht,
der fehlerfreie Mensch auf Erden,
der muss erst noch geboren werden.

Bleib auch im Alter froh und heiter,
das hilft in allen Lagen weiter.
Gottvertrauen und Harmonie
sind die beste Garantie,
dankbar und würdig zu erleben,
was dir der Herrgott noch wird geben.

49. Treten und getreten werden

Als Baby trittst du zart und rein
in diese Welt als Mitglied ein.
Bald lernst du laufen mit den Beinen
und fängst auf einmal an zu weinen,
du brüllst mit wütendem Gesicht,
kriegst du mal deinen Willen nicht.
Du trittst und strampelst voller Wut,
jedoch das Echo tut nicht gut.

Im Leben schaust du oft betreten,
stellst fest, es fehlen die Moneten.
Tritt dich der Fiskus in den Nacken,
musst du ihn bei den Hörnern packen,
tritt fest zurück, fang an zu singen,
zitiere »Götz von Berlichingen«.
Gar mancher tritt mit Scham und Pein
in jedes Fettnäpfchen hinein,
schau'n andre dich dann grantig an,
dann trete schnell den Rücktritt an.

Meim Militär heißt's »Angetreten!«
»Richt Euch!« »Rührt Euch!« »Weggetreten!«
Erschallt ein Ruf: »Freiwillige vor!«
Dann tritt zur Seite, lass andere vor.

Wenn man dich tritt, dann handele klug.
Bist du im Recht, dann zeige Mut.
Gib jeden Tritt gezielt zurück,
zeig, dass du recht hast, Stück für Stück.

Bist du im Unrecht, sei gescheit,
sonst tut's am Ende dir noch leid,
bleibe ruhig und besonnen
dann hast Lehre draus gewonnen.

Kommt ein Vertreter in dein Haus
und breitet seine Koffer aus,
füllt heimlich Kaufverträge aus,
gib ihm'nen Tritt und schmeiß ihn raus.

Vereine gibt es groß und klein,
da ladet man dich freundlich ein.
Geh einfach hin und reih dich ein,
ob Fischer-, Schützen-, Turnverein.
Nach einiger Zeit wirst du gebeten,
in den Verein auch einzutreten.
Nun darfst du fleißig Beitrag zahlen,
bist stimmberechtigt auch bei Wahlen.
Bald hängt dir das zum Halse raus,
du denkst: ich trete wieder aus,
nur das tut schwierig sich gestalten:
Du musst die Kündigungspflicht einhalten!

Du stehst in einer Warteschlange,
du stehst und wartest schon recht lange,
da schreit schon einer hinter dir:
»Mach Platz, ich habe Vortritt hier!«

Ob Vor-, ob Nach-, ob Ein-, ob Rücktritt,
ganz anders ist die Politik,
denn dort tritt keiner selbst zurück,
die halten fest an ihren Posten,
es könnt' ja die Karriere kosten.
Was vor den Wahlen wurd' versprochen,
wird bald danach auch schon gebrochen,
und mancher dieser Volksvertreter
wird dann zum Lügner und Verräter.

In Köln beim Fasching aufzutreten,
bringt viel Applaus und auch Raketen,
für manche Gruppen, die auftreten,
wär's besser, wenn sie es nicht täten.

Trittst du gelegentlich daneben,
so ist das nun einmal im Leben,
die Regel heißt auf dieser Erden:
Treten und getreten werden.

50. Der Kreislauf des Stromes

Die Energie, das ist bekannt,
wird langsam knapp in unserm Land.
Atomkraftwerke machen Sorgen,
weil man den Schrott nicht kann entsorgen.
Kohle ist nicht umweltfreundlich,
Gas und Öl sind kostenfeindlich.
So hat man lange nachgedacht
und etwas Neues hergebracht.

Ein schlanker, hoher Turm wächst auf
mit einer Kabine obendrauf.
Drei Windmühlenflügel sind zu sehen,
die ständig sich im Winde drehen.
Die Drehung leiten sie dann weiter
per Zahngetriebe zum Strombereiter.

Das Ganze ist dann in der Tat
ein Dynamo im Großformat.
Man schaut auf dieses Ungeheuer
und sagt »Der Aufwand ist zu teuer«.

Am Strand, im Meer und auf den Höhen
kann man jetzt die Monster sehen.
Man sieht, wie sie vor unsern Füßen
wie Spargel in die Höhe schießen.
Man hat sie nun so ganz charmant
seriös als Windkraftpark benannt.

Der Strom, den man daraus gewonnen,
kommt nicht in Fässer, nicht in Tonnen.
Er wird ins Kraftwerk umgeleitet,
von hier aus geht er still und leise
zurück zum Windrad auf die Reise.
Dort treibt er den Dynamo an,
damit sich's Windrad drehen kann.

Das ist doch wirklich nicht zu fassen,
doch wer's nicht glaubt, soll's bleiben lassen.

51. Wo, zum Geier, ist der GROSSE TEICH?

Es schreit vom Berg der Rübezahl,
er brüllt, man hört es schon im Tal.
»Nu lass uns aber ganz schnell gehen.
Der Alte tut keen Spaß verstehen.

Jetzt schnall dir noch den Rucksack auf
und renn bloß nicht im Dauerlauf!
Du weißt, wir sind nimmer so jung,
da braucht'mer erscht a biss'l Schwung.

Dann mach 'mer glei beim erschten Hause
auch noch 'ne kleine Vesperpause,
und dann geht's aufwärts Schritt für Schritt,
bloß nie so schnell, ich komm nie mit.«

Der Schweiß tropft schon durch alle Löcher,
das sind bestimmt schon ein paar Becher.
Der Durscht wird reene schon zur Plage,
und das auf unsere alten Tage.

Dann endlich kommt der kleine Teich,
die Knie sind auch schon ganz schön weich.
Die Baude ist, es war zu hoffen,
zum Glück für uns tatsächlich offen.

Jetzt fließt der Tee die Kehle runter,
gleich literweise, das macht munter.
Dann geht's zur Hampelbaude rauf
schön langsam und mit viel Geschnauf.

»Jetzt geh'n wir noch zum großen Teich,
nu wart's ock ab, das hab'n mer gleich.
Die Karte zeigt, dort muss er stecken,
doch nischt zu seh'n, nich ums Verrecken.«

Jetzt heißt's erst wieder abwärts steigen,
dann wird das andre sich schon zeigen,
dann wieder rauf, du Grüne Neune,
wie sind sie schwer, die müden Beine.

Nun geht's gar über Stock und Stein,
wo ist der Teich, wo kann er sein?
»Wir werd'n glei auf'm Kamme steh'n«,
vom großen Teich ist nischt zu seh'n.

»Jetzt hab ich grad die Nase voll!«
So klingt's in Dur und nicht in Moll.
»Such du den Teich jetzt mal alleene,
ich geh derweil schon langsam heeme«.

Er dreht sich um und wird ganz bleich,
dann brüllt er »Mensch, dort ist der Teich!«
Kreizsapperlot, das ist gediegen,
wir sind schon viel zu hoch gestiegen.

Das ist zu viel und nicht zu fassen,
man kann sich auch auf nischt verlassen.
Den Teich, den hat man zwar gefunden,
dafür hat man sich so geschunden?

Man setzt sich dann auf einen Stein,
und lässt den Teich ein Wasser sein.
Ein Bächlein plätschert froh und munter
schön frisch gekühlt den Berg hinunter.

Drin lab man sich ganz unverhohlen,
mag doch den Teich der Teufel holen.
Vielleicht tut's auch der Rübezahl,
dann geht's hinunter in das Tal.

Und als man endlich angekommen,
ist alle Mühe schnell verronnen.
Man lächelt wieder froh und heiter,
beim nächsten Mal geht's wieder weiter.

52. Der Angler.

Ein Angler singt aus voller Brust:
»Oh angeln, meine größte Lust!«
Er steht bei Regen, Schnee und Sturm
mit seiner Angel und dem Wurm.

Kein Wetter kann ihn je erregen,
sein Grundsatz ist: Nur nicht bewegen!
Er steht am Wasser und schaut immer
nur geradeaus auf seinen Schwimmer.

Am Neckar, Rhein und auf der Elbe,
es ist doch überall dasselbe,
sie werfen ihre Angel aus
und hol'n die tollsten Dinge raus:

Ein Schuh, 'ne Socke, eine Dose,
manchmal sogar 'ne Unterhose,
so richtig peinlich wird's erst dann,
hängt mal ein Büstenhalter dran,
das zu erklären hilft allein
des Anglers listiges Latein.

Ein Angler, der hat keine Eile,
ihn plagt auch keine Langeweile,
er braucht nur seine heil'ge Ruh,
'nen Wurm und wasserdichte Schuh.
Er steigt in jeden Tümpel ein,
nur feuchtes Wasser sollt's schon sein.

Es kommt ein Barsch, der will ihn necken,
spricht: »Kannst mich mal .....suchen, ich werde mich
    verstecken!«
Einst kam ein flotter Hecht geschwommen,
zuerst war er noch ganz benommen,
doch dann sprach er zum Anglermanne:
»Hallo, hier bin ich, wo ist die Pfanne?«

Ein Angler schenkt statt roter Rosen
der Liebsten Heringe in Dosen.
Manch Angler ist doch zu beklagen,
der eine hat Würmer, der and're Maden.

Auf einem Stuhl ein Angler saß,
man merkt ihm an, es plagt ihn was,
ich frag ihn, ob er Würmer hat,
er antwortet auf friesisch Platt:
»Nee, min Jong, Moaden sin besser,
dat mut so sin in dem Gewässer!«

Die Bild-Zeitung hat es berichtet,
eine Leiche sei gesichtet,
es wurd' geforscht und rausgefunden,
ein Hering ist vor ein paar Stunden
in einem großen Teich ertrunken
und später dann hinabgesunken.

Dereinst, vor vielen tausend Jahren,
da wurd' ein Karpfen überfahren,
ein Anglerkahn drückt ihn hinunter,
nun heißen seine Kinder Flunder.

Manch einer find's besonders fein
zu angeln nachts beim Mondenschein.
Da kommt so mancher Fisch an Land
als Meerjungfrau im Nachtgewand.
Als er am Morgen dann erwacht,
hab'n ihn die Fischlein ausgelacht.
Die Meerjungfrau'n, die er geküsst
hab'n sich als Traum ganz schnell verpisst.

Des Anglers allerhöchst Pläsier:
Ein Wurm und eine Flasche Bier,
damit der Fisch sie nicht verfehle,
kippt er's erst in die eigne Kehle,
und irgendwann, wie ich vermute,
kommt es dem Fisch dann auch zugute.

Und wenn die Hausfrau schimpft und bellt,
das Ehebarometer fällt,
der Haussegen hängt ganz daneben,
da kann's für ihn nur eines geben,
er schleicht sich heimlich zu den Teichen,
dort kann sie ihn nicht mehr erreichen,
kehrt er dann endlich wieder heim,
da ist die Luft schon wieder rein.

Und ist der Teich auch noch so klein,
die Angel her und dann hinein,
was kann's im Leben Schön'res geben,
die Petri-Jünger sollen leben.

* *

In der Nordsee schwimmt ein Fisch.
Im Wasser ist er noch ganz frisch.
Dann hat der Fischer ihn erwischt.
Jetzt liegt er gebraten auf dem Tisch.

53. Bockwurst mit Salat

Ob Galapartys, große Feste,
geladen werden viele Gäste.
Doch eh' man sich dort hinbewegt
wird Festtagskleidung angelegt.
Ein jeder eifert um die Wette
und zwängt sich in die Etikette.
Vornehm zu scheinen ist ein Segen,
doch traut man sich kaum zu bewegen.

Es klemmt der Kragen, drückt die Hose,
nicht ein Manschettenknopf ist lose.
Auf dem Buffet steh'n viele Sachen,
die Frage ist, wie soll man 's machen,
dass man von jedem was erwischt,
ohne dass es gleich entwischt,
dann ungeschickt zu Boden gleitet
und allgemeinen Hohn verbreitet?
Ach, ist das vornehm Speisen schwer,
wenn alle spöttisch schauen her.
Ich geb dir einen guten Rat:
Geh heim – ess BOCKWURST MIT SALAT!

Da kannst du keine Fehler machen,
dass andre schadenfröhlich lachen,
kannst locker auf dem Sofa sitzen,
brauchst nicht in Festtagskleidung schwitzen.
Kannst essen, trinken ungeniert,
egal was auch dabei passiert.

Gehst wandern du auf Berg und Tal,
dann hast du keine andre Wahl,
lenkst hungrig, durstig deine Schritte
gleich in die erste Wanderhütte.
Dort bist willkommen du als Gast
auch, wenn du keinen Frack anhast.
Bestellst ein Bier, und in der Tat
kriegst du auch BOCKWURST MIT SALAT.
Das schmeckt und stillet Durst und Hunger,
brauchst keinen Kaviar und Hummer.

Die nächste Feier, das nächste Fest
nicht lange auf sich warten lässt.
Ich hab gelernt und ziehe dann
mir ganz bequeme Sachen an.
Steh'n am Buffet die Gäste Schlange,
dann mache ich mir keine Bange,
sind all die komplizierten Speisen,
die köstlich sich dem Gast anpreisen,
vergriffen, schreite ich zur Tat
und such mir BOCKWURST MIT SALAT.
Das hab ich fest unter Kontrolle,
damit mir nur nichts runterrolle.
Inzwischen hat sich's rumgesprochen,
beim nächsten Fest in ein paar Wochen,
da geht ein Raunen durch den Staat:
»Schaut, da kommt BOCKWURST MIT SALAT!«

54. Der erschöpfte Weihnachtsmann

In einem schön geschmückten Raum,
stand einst ein großer Weihnachtsbaum.
Dort hingen viele Kugeln dran,
daneben stand ein Weihnachtsmann,
der hatte einen weiten Weg
bis hierhin schon zurückgelegt.

So eilte er von Haus zu Haus
und teilte seine Gaben aus.
Im ersten Haus, das er betreten,
fingen alle an zu beten.
Er sagte nun sein Sprüchlein auf
und teilte weiter fleißig aus.

Der Hausherr gab für all die Gaben
Dem Weihnachtsmann etwas zum laben.
Ein Glühwein und ein Schnäpselein,
und noch eins für das andere Bein.
Dann musst' er wieder weitereilen
um seine Gaben zu verteilen.

Er sang voll Lust so vor sich her:
Vom Himmel hoch, da komm ich her.
Und wieder schenkt er seine Gaben
und kriegte wieder was zum laben.

Dann schwankte er mal hin und her,
das Gehen fiel ihm nun schon schwer.
Beim letzten Hause angekommen,
da war er schon ganz schön benommen.
Jetzt hat er auf dem Stuhl gesessen,
sein Sprüchlein hat er längst vergessen

Er zieht sein Gabensäcklein her,
schaut rein, erschrickt, der Sack ist leer.
Aus Mitleid für entgangene Gaben
bekommt er wieder was zum laben.

Nun legt er sich auf's Sofa nieder,
hört ganz verschwommen Weihnachtslieder.
In einem wurde gar gesungen,
ein Ross sei irgendwo entsprungen.
Die Augen fielen ihm bald zu.
Für dieses Jahr hat er nun Ruh.

Im nächsten Jahr zur Weihnachtszeit
ist er dann wieder einsatzbereit.

55. Wir Alten.

Ach, was ist das eine Plage,
du musst auf deine alten Tage
so manchen Unsinn noch ertragen,
da hilft kein Jammern und kein Klagen.

Schon geht es los, die ersten Haare,
sie werden grau, kommst in die Jahre,
und bald wirst du ganz ungelogen
in eine Ecke abgeschoben.

Du sitzt im Park auf einer Bank
und träumst vergnügt bei Vogelgesang.
Auf einmal hörst du einen Laut,
der dich beinah vom Sessel haut.

Von OLDI ist da jetzt die Red,
du denkst erstaunt, ob's mich angeht?
Das geht dir nicht mehr aus dem Kopf,
bist du schon so ein alter Tropf?

Beschaust im Spiegel dein Gesicht,
nun ja, ganz taufrisch bist du nicht.
den OLDI kannst du nicht versteh'n,
es kommt noch schlimmer, wirst gleich seh'n.

Im Bus, da sitzt du ahnungslos,
doch plötzlich ist der Teufel los,
hörst nur noch poltern, grölen, schrei'n,
das können nur Verrückte sein.

Sei still, bleib ruhig und bedacht
sonst wirst du auch noch ausgelacht.
Es ist wahrhaftig schon ein Jammer
und schon trifft dich der nächste Hammer.

Nachdem den OLDI du geschluckt,
wird dir ein GRUFTI aufgedruckt.
Du glaubst, jetzt wäre endlich Ruh',
da kommt ein UHU noch dazu;

das wird dann so als Trost erklärt,
den UNTER HUNDERT-ern beschert.
Nun weißt du nicht mehr, wer du bist,
denkst, alt sein ist doch großer Mist.

Doch halt, das Spielchen geht noch weiter,
ertrag es, bleibe »cool« und heiter.
Als letzter Schrei ist nun gewiss,
dass du ein AUSLAUFMODELL bist.

Willst' dich als Ältester bekennen,
dann darfst du dich KOMPOSTI nennen.
Ob ASBACH, ob METHUSLEM,
das Altsein ist schon ein Problem.

Um jeden Irrtum zu vermeiden
musst du nach Baujahr unterscheiden,
der ZOMBI sticht den GRUFTI aus,
das hält kein Mensch im Kopf mehr aus.

Die Jahreszahl bestimmt den Grad,
ob General oder Soldat.
Was hat die Jugend nur im Sinn?
Respekt und Achtung sind dahin.

Dann denkst du nach und wirst versöhnlich,
sie meinen es ja nicht persönlich,
war'n wir nicht auch mal jung und spritzig,
übermütig und sehr witzig?
Gewiss, es war ein andrer Ton,
doch was sieht heut die Jugend schon?
Wenn Volksvertreter aller Seiten
so schlechte Beispiele bereiten,
der Medien-Terror frei darf walten,
da ist Moral nicht mehr zu halten.

Es ist die Frucht von jener Saat
aus einem Anarchistenstaat,
in dem Moral und Disziplin
von Jahr zu Jahr von dannen ziehn.
Wo Freiheit keine Grenzen kennt,
darf man nicht schreien, wenn es brennt.

Drum klage nicht die Jugend an,
die letztlich wenig Schuld daran.
Kommt dir's auch manchmal schändlich vor,
nimm's nicht so ernst, trag's mit Humor.

56. Bitte umsteigen

Worin sich alle einig sind:
Die nächste Wanderung kommt bestimmt.
Man steht am Bahnhof, löst die Karten,
die S-Bahn lässt nicht auf sich warten.
Die erste fährt an uns vorbei,
doch bei der nächsten sind wir dabei.

Dort steigt man ein und lässt sich nieder,
nach zwei Minuten heißt es wieder:
»Steigt alle aus, hier Endstation!«
Sind wir denn jetzt am Ziele schon?

Oh nein, hier wird nur umgestiegen,
nun denn, das werden wir auch hinkriegen.
Der Auskunftstafel wird entnommen:
»DER ZUG NACH TÜBINGEN« wird gleich kommen.
Geduldig steht man startbereit,
wir sind ja Rentner und haben Zeit.

Dann endlich fährt das Zügle rein
und alle steigen hurtig ein.
Man setzt sich und macht sich's bequem,
und nun kann es endlich weitergeh'n.

Das Reisen mit der Bahn ist schön,
man sieht das Land vorüberziehen
und fährt ein paar Stationen weiter.
Die Stimmung ist recht froh und heiter.

Man sagt zwar: Schöner wäre fliegen,
da wird schon wieder umgestiegen.

Vom Bahnhof runter, Treppe rauf,
wir nehmen alles heiter auf,
der Zug steht schon auf Bahnsteig vier,
grad noch geschafft, das hätten wir.

Der Zug, er gleitet auf den Gleisen,
ach, es ist schön, mal zu verreisen.
Man fährt noch ein paar Kilometer,
da hält der Zug – schon wieder steht er.
»Macht euch bereit, gleich steigen wir um«,
doch das nimmt keiner heute krumm,
kein Mensch fragt mehr wohin und was,
das Umsteigen macht richtig Spaß.

Schnell raus und über eine Mauer,
da steht ein Bus schon auf der Lauer,
und als der Letzte eingestiegen,
da merkt man, nichts ist mehr mit fliegen.

Der Bus fährt los, der Motor dröhnt,
wir haben uns schon dran gewöhnt,
nur ein Gedanke treibt sich rum:
Wann steigen wir denn wieder um???

Bald sind am Ziel wir angekommen,
so hat man's jedenfalls vernommen.
Belustigt trabt man nun von hinnen,
jetzt kann die Wanderung beginnen.
Nach ein, zwei Stunden fleißig gehen
da bleibt die Gruppe plötzlich stehen,
dann fragt man nur so zum Vergnügen:
Wann wird mal wieder umgestiegen?

Zum Abschied reicht man sich die Hände,
dann ist der schöne Tag zu Ende.
Voll Stolz kann jeder nun beweisen,
wir sind perfekt im Zug-umsteigen.

57. Musik ist Leben

Am ersten Tag erkennt man schon,
das Baby schreit im höchsten Ton.
Und mit der Zeit hört man es lallen
und auch ein Kinderlied erschallen.

Zuerst ist es noch ein Sopran,
dann schwillt die Stimme lauter an.
Sie klingt nun schon ein bisschen tiefer,
lernst bald bewegen deine Kiefer,
damit der Mund als Resonanz
den Ton verformt zu schön'rem Glanz.

So mancher macht dem Lehrer Kummer,
man nennt ihn schlichtweg einen Brummer.
Doch deshalb brauchst du nicht verzagen,
du musst nur etwas andres wagen.

Lass dir ein Instrument empfehlen.
Kannst aus der Vielfalt selber wählen.
Ob Keyboard, Geige, auch Posaune
bereiten stets dir gute Laune.

Doch merke immer dir das eine:
Kein Instrument spielt von alleine!
Nur fleißig üben führt zum Ziel
und viel Geduld, und das recht viel.
Dann wird es sich am Ende zeigen,
der Himmel hängt jetzt voller Geigen.

58. Der schwierige Aufstieg über die Tonleiter

Musik, egal, ob Dur, ob Moll,
ist schwer, wenn man es lernen soll.
Hockst ahnungslos vorm Instrument
und bist fürs Erste ganz verklemmt.

Schaust auf die Noten und wirst blass,
fragst ganz verzweifelt: »Was soll das?«
Da stehen Punkte, Striche, Bogen,
und Balken sind hindurchgezogen.

Oh heilig's Blechle, ei der Daus.
Da kennt sich doch kein Mensch mehr aus.
Du hämmerst auf die Tasten ein,
oh Schreck, hör auf und lass es sein!

Dein Lehrer macht dir wieder Mut,
nimmt freundlich dich in seine Hut.
Die Tasten sind teils schwarz, teils weiß,
nun wird es dir erstmal ganz heiß.

Die linke Hand den Bass regiert,
die rechte Melodien führt.
Du bist auf einmal ganz verwirrt,
weil links und rechts total verirrt.

Denn aller Anfang, der ist schwer,
das sei normal, so tröstet er.
Nun spielst du falsch auf jede Art,
das nennt man Tastatursalat.

Bald lernst du, damit umzugehen
und auch den Baßschlüssel verstehen.
Am Anfang klingt's noch recht chaotisch,
verstimmt und manchmal auch exotisch.

Doch fängst du an, es zu begreifen
und spürst dein Können langsam reifen.
Hab nur Geduld, und nicht verzagen,
du brauchst nur deinen Lehrer fragen.

Der sagt dir dann auch ganz gewiss:
»Das ist ein As und dies ein Fis«.
Lass dich vom Misserfolg nicht trüben.
Dein Wahlspruch lautet: üben, üben!

Und mit der Zeit wirst du versteh'n:
Selbst musizieren ist sehr schön.
Man muss nicht gleich ein Mozart sein,
Bescheidenes klingt auch recht fein.

Musik ist grenzenlos und schön,
man kann sie überall versteh'n.
Hast Sorgen du und trüben Sinn,
sie ist die beste Medizin.

59. Beschwingte Saiten

Hört man vergnügt Gitarren klingen,
wer möchte da nicht selbst mitsingen?
Das Instrument mit den sechs Saiten
kann Solo spielen und begleiten.
Es klingt dramatisch die Ballade
und ganz verliebt die Serenade.

Gemeinsam mit den Vöglein singen,
wenn die Gitarren dazu klingen.
Da singt man »Wandern, meine Lust …«
aus frischer Kehl und voller Brust.

Den Ton gibt die Gitarre an,
dass jeder sich dran halten kann.
Am Rastplatz klingt dann wie im Traum
das alte Lied vom Lindenbaum.

Ist auch ein Spaßvogel dabei,
da gibt's oft buntes Allerlei.
So manches Scherzlied dann erklingt,
gemeinsam den Refrain man singt.

Es klingt so zart im weichen Moll,
verliebt, verträumt und sehnsuchtsvoll.
Ein Menuett ist oft gefragt,
wenn Festlichkeiten angesagt.

Und wenn's mal spanisch feurig wird,
da klingt sie rhythmisch unbeirrt.
Beim Walzer-, Tango-, Polkaschritt
da schwingen alle Saiten mit.

Die Klassik und auch das Moderne
spielt abwechselnd ein jeder gerne.
Egal, ob Jazz, ob Rock und Break,
steckt die Gitarre locker weg.

Schon seit dem achtzehnten Jahrhundert
man der Gitarre Klang bewundert,
voll Stolz schaut die Gitarr' zurück
als Veteranin der Musik.

60. Musik kontra Kitsch

Musik hat Farben bunt und schön,
sie kann verschiedene Wege gehen.
Es ist für jeden was dabei.
Die Auswahl, die steht jedem frei.

Auch sind Geschmäcker oft verschieden,
mal kalt und manchmal heiß zum Sieden.
Zu jeder Zeit den richtigen Ton,
so war's in früheren Zeiten schon.

Nun kann man denken, wie man will.
Einer mag's laut, der andre still.
Die Klassik und auch das Moderne
dem einen nah, dem andern ferne.

Nun gibt's auch ausgeflippte Typen,
vor denen sollte man sich hüten.
Sie plärren »piep, piep, da, da,
wadda hadda dudida«.

Sie hüpfen wie ein Känguru
und wie die Affen aus dem Zoo.
Sie kriegen dafür noch viel Geld.
Die Welt scheint auf den Kopf gestellt.

Am Ende feiert man sie gar
auch noch als großen Schlagerstar.
Manches Genie in alten Zeiten
konnt' kaum sein täglich Brot bestreiten.

Nun gibt es heut auch Komponisten,
die woll'n mit Töpfen, Ketten, Kisten
exzentrisch Neues inszenieren
und die Musik mit Kitsch verzieren.

Da hört man »klick und peng und klirr«,
mal platzt 'ne Saite vom Klavier,
dann Pause – jetzt hört man Gitarren.
Hält uns der Komponist zum Narren?
Verständnislos hockt man davor,
doch Melodie kommt nicht ins Ohr.
Vielleicht bin ich da zu naiv,
doch denk ich, das geht einfach schief.
Denn Rhythmus nur mit Melodie
vereinen erst die Harmonie.

Ob Presto oder Moderato,
ob Forte oder auch Piano,
der Wohlklang, der muss dominieren.
Das nennt man sinnvoll musizieren.

Wenn Wilhelm Backus vehement
die Tasten drückt aufs Instrument,
lässt RONDO ALA TURCA klingen
und alle Saiten heftig schwingen.

Es perlt und sprudelt unbeirrt,
das ganze Instrument vibriert.
Man fragt begeistert dann und wann:
Wie viele Hände hat der Mann?

Musik kann auch recht lustig klingen,
man kann dazu auch kräftig singen.
Der SCHRÄGE OTTO am Klavier,
der wollte immer noch ein Bier,
und trotzdem spielt er laut und leise
und flott auf seine eigne Weise.

Wer Freude hat am Musizieren,
der kann im Herzen triumphieren.
Beethovens Neunte Symphonie
bestätigt diese Theorie.

Geschmack muss jeder selbst belegen,
da soll's auch keine Zwänge geben.
Doch wer den Bogen überspannt,
dem gleitet er bald aus der Hand.
Mit Kunst und Kitsch ist's nicht weit her,
es kommt und geht seit alters her.
Was gut ist, das wird ewig halten,
erfreut die Jungen und die Alten.

61. Die Musikprobe

Musik, das weiß ein Jedermann,
klingt nur recht schön, wenn man es kann.
Man geht zur Probe unentwegt,
ein neues Stück wird aufgelegt.
Der Dirigent hebt einmal bloß
den Taktstock, schon bricht's Chaos los.

Es quietscht und brummt, es kreischt und grölt,
wie Türen, die noch nicht geölt.
Doch bald hat man den Ton gefunden,
die Schwierigkeiten überwunden.
Und jetzt noch einmal ganz von vorn,
zuerst Trompeten, dann das Horn.

Adagio heißt nicht rasen, eilen,
gemächlich wollen wir verweilen.
Jetzt noch die Tuba und die Flöten,
schon wieder stecken wir in Nöten.
Nun ein Crescendo, heidenei,
was ist denn da schon groß dabei.
Bei der Fermate bleiben wir stehen,
die ist doch nicht zu übersehen.

Jetzt Saxophon und Klarinetten
und was wir sonst noch alles hätten.
Nochmal Posaunen und das Horn
und nun Da Capo ganz von vorn.

Glissando, Blech und dann kommt Forte,
das klingt wie Faust auf Sahnetorte.
G.P., das heißt nicht Große Pauke!
G.P. ist generelle Pause!

Jetzt die Trompeten ganz allein
und auch das Waldhorn mit hinein.
Und noch einmal Takt 54,
schön ausdrucksvoll und auch recht zünftig.
Dann spielt die Tuba ihren Lauf
erst runter und dann wieder rauf.

Andante, das ist kein Galopp,
wir bleiben mäßig und salopp.
Den nächsten Satz spiel'n wir in Moll
mit viel Gefühl und ausdrucksvoll.
Wer spielt denn da in einer Dur
und ganz allein in einer Tour?
Das Stück ist E-Moll und bloß emol.

Jetzt Becken, Trommeln groß und klein,
und auch das Xylophon mit rein,
dann kommt ganz zärtlich, rein und froh,
das Solo von der Piccolo.

Nun noch die CODA kommen muss,
dann machen wir für heute Schluss.
Beim nächsten Mal wird's besser klingen,
da kann sogar der Chor mitsingen.

Drum lasst die Freude euch nicht trüben,
tut fleißig weiter üben, üben.

Bald klingt es aus der Hörermasse:
Hurra! Ihr seid ganz große Klasse!

62. Die Renovierung der Christuskirche in Altbach

Der Pfarrer hat es zelebriert:
»Die Kirche wird jetzt renoviert.
Kommt alle her und fasst mit an
wir brauchen alle, – Frau und Mann.
Gott segne euch und geb' euch Kraft,
ab morgen früh wird hier geschafft!«

Am nächsten Morgen, weh und ach,
tönt aus der Kirche Lärm und Krach.
Vorbei ist es mit der Idylle
vom Wald und seiner KIRCHENSTILLE.
Man hört nur hämmern, poltern, bohren,
es dröhnt gewaltig in den Ohren.

Ein Schauer fährt durch alle Glieder,
man kennt die Kirche nicht mehr wieder.
Die Bänke sind zum Schutz vor Dreck
mit einer Folie abgedeckt,
und auch die Orgel ist verpackt
damit der Staub nicht an ihr nagt.

Der Pfarrer hat, man kann's nicht fassen,
heut den Talar im Schrank gelassen,
im »Blaumann« ist er vehement
nun ganz in seinem Element.
Er haut den Pickel in den Boden,
als wollt er einen Urwald roden.

Der Chor ein »Halleluja« singt,
wenn Liebau seine Hacke schwingt,
und zwischendurch ein Stoßgebet,
damit die Arbeit weitergeht.

Mauern werden eingerissen
weil sie nun andern weichen müssen,
Schubkarren fahren voll und schwer
mit Schutt beladen hin und her.
Und Christus schaut von dem Altar
hinab auf diese Arbeitsschar,
denkt mitleidig und voller Graus:
Was macht ihr bloß aus meinem Haus?
Doch Pfarrer Liebau will versöhnen:
»Wir wollen es doch nur verschönen«.

Noch eh' der Abriß ganz verdaut,
sind neue Mauern aufgebaut.
So geht die Arbeit flott voran,
bald fängt die Malerarbeit an.
Gerüste stehen an den Wänden
die Renovierung zu beenden.
Es wird gestrichen und gemalt
bis alles wieder neu erstrahlt.
Und Christus schaut vom Kreuz und lacht:
»Das habt ihr wirklich gut gemacht,
drum geht gestärkt hier ein und aus.
in diesem meines Vaters Haus.«

63. Die Kirche im Wald

Der Sonntag ist der Tag des Herrn
von Nord bis Süd, in Nah und Fern.
Der morgendliche Sonnenschein
lädt uns zum Waldspaziergang ein.

Man lauscht mit Auge, Herz und Ohren
und fühlt sich gleich wie neu geboren.
Lass die Gedanken zwanglos schweifen,
und du hörst zarte Orgelpfeifen:
Sie preisen Gott und seine Gnad'
für das, was er geschaffen hat.

Der Wind, er singt ein Psalmgebet,
nur wer hineinlauscht es versteht.
Du spürst ein heimliches Verlangen
und möchtest mit allem neu anfangen.
In Frieden und Bescheidenheit
vergessen Hass und Macht und Neid,
die unsere Welt heut so zerstören
und Gottes Gebote ignorieren.

Nimm dir ein Beispiel an dem Wald,
er ist stets jung und doch so alt.
Schlug ihm der Sturm auch manche Wunden,
er konnte immer uns bekunden,
dass ständig Neues wird geboren
und nichts im Leben geht verloren.

Schau in die Bibel der Natur,
vergiss die Zeit, schau nicht auf die Uhr.
Bleib ab und zu auch einmal stehen,
um all die Schönheiten zu sehen
und zu erkennen, welche Pracht
der Schöpfer hat für dich gemacht.

Wenn Nesseln blühend sich entfalten,
ein buntes Blumenmeer gestalten,
von zarten Gräsern rings umgeben,
vor Freud das Herz fängt an zu beben.
Du hörst die Glockenblumen klingen,
es klopft der Specht und Vögel singen.
Schmetterlinge still im Reigen
ihre Farbenkunst uns zeigen,
sie flattern lautlos und bescheiden,
man könnte sie dafür beneiden.

Du solltest aber nicht versäumen,
hinaufzuschauen zu den Bäumen.
Das Ahornblatt, gar fein verziert,
ein jedes künstlerisch geformt
und individuell genormt.

Die Eichel, formschön anzusehen,
soll als Symbol der Ehre stehen.
Auch Erle, Haselstrauch und Schlehen
sind voller Schönheit hier zu sehen.
Birken, Lärchen mittendrin,
und alles hat doch seinen Sinn.

Farn und Moos den Boden zieren,

man ist geneigt zu jubilieren.
Auf einer Lichtung flach und eben
erwacht schon wieder Neues eben.
Da stehen Blumen bunt und schön,
man muss sie einzeln sich besehen.
Dann erst wird einem wirklich klar,
welch Meister hier am Werke war.

Man möcht' ein Dankgebet anstimmen
und still ein Halleluja singen.

64. Glocken haben viele Gesichter

Die Glocke, die vom Kirchturm klingt
ist edel, rein und wohlgestimmt.
Zu jeder Zeit, ob früh, ob spät,
ruft sie die Menschen zum Gebet.

Für Glocken gibt es keine Normen,
drum haben sie auch viele Formen.
Man braucht sie für so viele Sachen
und kann damit auch manches machen.

Der Unterschied liegt allemal
in Größe, Form und Material.
Man fertigt heute Glocken an
aus Bronze, Glas und Porzellan.

Aus Plastik bietet sie gediegen
für Torten, Kuchen Schutz vor Fliegen,
um Wurst und Käse zu beschützen,
kann man sie ebenfalls benützen.

Die Kühe auf den Almen stehen,
damit sie nicht verloren gehen,
hat schnell ein Halsband man erfunden
und eine Glocke dran gebunden.

An Urlaub denken alle Leute,
wenn sie erleben dies Geläute.
Manch Schäfchen hat sich schon verirrt,
das Glöckchen hat es heimgeführt.

Nur eine Glocke wir nicht lieben,
sie wird symbolisch nur beschrieben:
Bei Emissionen in dem Tal
wird sie als Dunstglocke zur Qual.

Dann gibt's auch noch die Taucher-Glocken,
man hört sie nicht, doch man bleibt trocken.
Im Plenum und im Parlament
zeigt mancher dann sein Temperament,
da wird geschrien und gepöbelt
und mancher wird sogar vermöbelt.
Zur Glocke greift der Präsident
und macht dem Spuk gar bald ein End'.

Bevor das Kasperle erscheint,
von hinten leis ein Glöcklein tönt,
dann ruft er: »Seid ihr alle da?«
und alle Kinder schreien:«Jaaaa!«

So vieles gäb's noch zu berichten,
doch nun wird's schwierig mit dem Dichten.
So reimt sich letztlich noch auf Glocken:
Gerstensaft und Schillerlocken.